99% 人に好かれる「礼儀正しい人」

鹿島しのぶ

三笠書房

はじめに

「礼儀正しさ」は、いつでも、どこでも自分を助けてくれる――。

私は、そう考えています。

なぜなら**「礼儀正しさ」は、いい人間関係をつくる、いい仕事をする、いい人生を送るための絶対ルール**だからです。

これまで日本では、礼儀を重んじ、無礼をいさめる文化を大切にしてきました。それこそ聖徳太子が「礼儀を大切にせよ。民を治めるためには、必ず礼儀を大切にしなければならない」と、教えているように。古来から、ずっとです。

ところが最近、残念なことですが、「自分を認めさせるためなら、多少、横柄な言動を取ってもいいんだ」と勘違いしている人が増えているように感じます。

特に若くして成功をおさめた人のなかには、傲慢で無礼な言動を繰り返す人が出現しています。そしてその過激な言動は、さまざまなメディアで拡散されて、一部の〝信者たち〟が「かっこいい」とばかりに周囲に群れ集って真似したりしています。

そんな人たちに、まどわされてはいけません。

無礼な人は、いつしか姿を消していきます。

私たちは、互いに相手を敬う気持ちと謙虚さを持って、温かくて、快適で、豊かな人間関係をつくるべきなのです。


だから、**いつでもどこでも礼儀正しくあれ**――それが、私の伝えたいメッセージです。「礼儀正しくあろう」と努める人は、必ず人に好かれます。人に信頼されます。人生が輝きます。

「礼儀正しい人」になるために特別なテクニックなど必要ありません。

人を敬うこと。

誠実であること。

基本はこの、たったの二つです。ただし、人を敬う気持ちや、自分の誠実さを誰かに伝えるときには、ちょっと気をつけたいことや、ちょっと工夫してほしいことがあります。そのポイントを本書ではご紹介したいと思います。

本書のタイトルは『99％人に好かれる「礼儀正しい人」』です。

「礼儀正しい人」が、人に好かれないわけがありません。だから100％としたいところですが、でも、人間関係において、すべての人に好かれる必要はありませんし、気を使いすぎて萎縮したり、自分らしさを失ったりしてはいけません。そういう意味をこめて「99％」とした次第です。

本書が、あなたの魅力や人生をもっと輝かせる一助になることを願っています。

鹿島しのぶ

もくじ

1章 この「誠実さ」

——だから、人にも運にも恵まれる

2章

この「気遣い」
——こんな「小さなこと」も大事にする

3章 この「丁寧さ」
——誰からも信頼される人の共通点

4章 この「賢さ」
――人が無礼になりがちなときを知っておく

5章

この「魅力」

——笑顔、素直さ、責任感、清潔感……

編集協力／(有)ザ・ライトスタッフオフィス
本文DTP／株式会社 Sun Fuerza

1章

この「誠実さ」

――だから、人にも運にも恵まれる

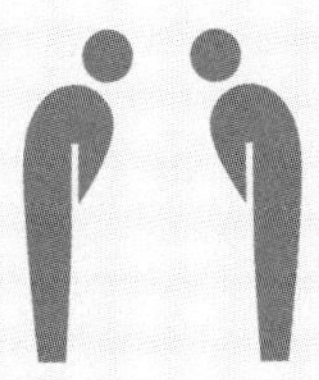

まずは
これを知る

「礼儀正しさ」の基本は、たったの二つ

社会人に求められる大切なことの一つとして「礼儀正しさ」があります。

「礼儀正しさは社会人にとって最も重要なスキルだ」

そういう人もいるほどです。

たしかに、礼儀を欠いてしまっては、たとえばビジネスもうまく進みません。

はじめて会ったときに、挨拶も満足にできないようでは、「どうもあの人は常識に欠けているようだ」と思われ、相手にされなくなってしまうでしょう。

あるいは相手より少しでも優位に立ちたい一心で、無意識のうちに〝マウント〟を取ろうとするような言動に出る人もいますが、そうなると最悪です。

「なんて無礼なやつだ。この人とは一緒に仕事をしたくない」と思われ、多くの人が周囲から遠ざかっていくでしょう。

　それはビジネスの場を離れてもまったく同様です。
友人を含む身近な人との関係やご近所づきあいにおいても、「礼儀正しさ」は大切です。よく知っている人だからと、あまりに礼儀を失した言葉遣いや態度を続けていると、気がついたときには、もう手遅れ……。みんなから嫌われていた、というのはよくあることです。

　だからといって、「とってつけたような礼儀正しさ」は逆効果となりかねません。慇懃無礼という言葉があるように、かえって誠意が感じられなくなり、嫌味に受け取られてしまいます。

　つまり「あの人は、表面的な態度こそきわめて礼儀正しく丁寧だけれど、じつは尊大で相手を見下しているだけじゃないか」と警戒されてしまうのです。

そもそも、人が誰かを見て「あの人は本当に礼儀正しい」と感じるのは、どんなときでしょうか？　その人の「誠実さ」に触れたときではないでしょうか？

言葉遣いや立ち居振る舞いが多少ぎこちなかったり、洗練されたものではなかったりしても、相手のことをどう思っているかは自然に伝わるものです。

相手を見下していたら、どんなに美辞麗句を並べて、礼儀正しさを演出しようとしたところで、本心は見透かされてしまいます。

つまり、

「人を尊重する」

「人に対して誠実である」

という二つを抜きにして、「礼儀正しさ」はけっして成立しない、ということです。

そしてまた、この二つの要素は、私たちが社会のなかで生きていくうえで欠かしてはいけないことだと思うのです。

本書を読み進めていくにあたって、まずはこのことをしっかり押さえていただきたいと思います。

本当の成功者とは

誠実な人が築いた人間関係は、強い

私は、**いま「誠実さが求められる時代」になりつつある**と思っています。

これまでは、社会全体が効率性を求められ、とにかく仕事を上手にこなして、お金を稼ぐ人が高く評価されるようになっていました。でも、それが逆転しはじめているように感じるのです。

たとえば、二一世紀はＩＴの時代だとされ、多くの人が新規事業を立ち上げました。なかには大成功して時代の寵児（ちょうじ）になった人もいます。

そんな人のなかには、自分しか信じず、人を人とも思わないような言動を繰り返す人が少なからず存在しましたが、それでも社会では成功者として評価され、チヤホヤされていました。もっといえば、無礼な人こそ、その言動に注目が集まるようになっていたような気すらします。

でも最近、それがちょっと変わってきたように感じます。

もちろん、人はそれぞれですし、多様性を受け入れるという意味では、そんな人がいてもいいいと思います。

でもそれは一過性のことにすぎないのではないでしょうか。

どんなに頭がよく、才能があったとしても、一人で成功し続けるのは難しいことです。まして、それが組織内であればなおさらです。周囲の人たちとうまくコミュニケーションを図る必要がありますし、周囲の人たちを尊重し、誠実に接する姿勢が不可欠です。

はたして、自分しか信じない無礼な成功者のままで、それを実現できるのでしょうか。おそらく無理でしょう。

私は、**仕事を発展させ、「最後に残る人＝真の成功者」として続けていける人は、やはり無礼な態度を取らない人であり、礼儀正しい人**だと思います。

そんな人こそ誰からも支持されるし、味方になってくれる人も次々と出てきて、本人自身も人間的に成長できるのではないでしょうか。

そのベースにあるのは、なんといっても「誠実さ」や「謙虚さ」だと思います。**誠実で謙虚な人が培(つちか)い、築いてきた人間関係は、強固です。**

そう簡単には崩れません。

自分しか信じない無礼な成功者は、そんな人間関係は築けません。いいときには多くの人が集まってくるでしょうが、ほころびが生じるとあっという間に去っていってしまうからです。

自分が変われば、
周囲が変わる

礼儀は常に「自分から正す」

私たちはいま、ひょっとすると「ハリネズミの時代」を生きているのかもしれません。

「できればみんなとつながりたい。仲よく生きていきたい」と思っているのに、周囲の目が気になってしかたがないし、誰かに傷つけられるのが怖いから、どうしても他者と距離をおいてしまい、その結果、孤独に陥る人が多くなっているようです。

「ハリネズミのジレンマ」をご存じですか?

ハリネズミは外敵から自分を守るための針を体中にまとっているため、他者との距離が近くなりすぎると刺す気もないのに相手を傷つけてしまいます。

かといって、針が刺さらない距離まで離れると、相手の温もりを感じることができなくなってしまい、孤独に耐えなければならない……。

こうした傾向は、匿名性の高いＳＮＳなどの出現でますます加速したとされていますが、現実社会でも強まっています。

特に無礼な人がいる組織ではその傾向が顕著です。悪気はないのにやたらと攻撃的で礼儀をわきまえない人が一人でもいると、組織全体がギスギスして温もりが感じられなくなってしまいます。

まして、それが上司だったりするとたいへんです。誰もいさめることができないまま、職場の雰囲気がどんどん悪くなり、みんながハリネズミのジレンマに陥って、人間関係が壊れてしまいます。

その結果、必要な人材が一人、また一人と辞めていくようになります。学級崩壊ならぬ、職場崩壊です。

無礼な人が会社を壊す――。

とまでいうと大げさかもしれませんが、少なくとも職場の雰囲気をメチャクチャにしてしまうことは確かでしょう。

でも大丈夫です。

逆に、**礼儀正しい人が一人でもいると職場の雰囲気は大きく変わります。**相手を尊重するオーラがみんなに伝播(でんぱ)して、無礼な人が生み出すダークな雰囲気を吹き飛ばせるようになります。

また、周囲が変われば、無礼なハリネズミも気がついて、むやみに他人に針を突き立てるのをやめるかもしれません。

社会が複雑化して多くの人が孤独を感じるようになっているいま、自分でも気づかないまま攻撃的になり、礼儀を忘れている人も増えていますが、それではますます生きにくくなるばかりです。

それを変えるには、**まず自分自身が礼儀を正して生きる。**そのように心がけるべきだと思います。

現代フランスを代表する中世史家と目されるジャック・ル・ゴフは、こういっています。

「礼儀作法には、骨を折るだけの値打ちがある」

と。

そのとおりだと思います。

スマイルズの教え

礼儀正しさは、才能よりはるかに大事

会社を訪問すると、みんなが気分よく働いている会社か、そうではないかはなんとなくわかるものです。

雰囲気のいい会社では、上司も部下も明るい表情で仕事をしていますし、会話もスムーズに交わされていて、活気を感じるものです。

そういう会社がある一方で、なぜかみんなが暗い顔をしている会社もあります。そんな会社では社員同士が目も合わせず、どんよりとした空気に包まれています。

その差はどこから出てくるのか。

いろいろ聞いてみると、そんな会社には、必ずといっていいほど、感情の起伏が激しくて、みんなの気分を滅入らせている〝犯人〟がいるようです。

しかも、その多くはリーダー的な立場の人だというのですから、やっかいです。

およそ、どんなに心が広い人でも、不機嫌な人を見て愉快な気持ちになる人なんていないでしょう。

不機嫌な人が一人でも職場にいるだけで職場全体の雰囲気は壊れてしまいます。たとえば、朝から仏頂面をしていたり、やたらと同僚に突っかかったり、あるいは上司に反発したり。そんな態度を繰り返されたら、まわりの雰囲気は一気に悪くなり、みんなの気分がそがれてしまいます。たった一人が発した不機嫌さが確実に周囲に連鎖して、大きな不協和音を生み出していくのです。

まして、その原因が上に立つ者にあるのだったら最悪です。みんなが上司の顔色をうかがうようになりますし、気持ちが萎縮して、たちまち職場全体が不機嫌のパンデミックに引きずり込まれてしまうでしょう。

その結果、次の世代を担うはずの若くて優秀なスタッフたちがどんどん辞めていくという事態にもなりかねません。

仮にその上司が優秀だったとしても、そうなると、会社にとっては排除すべき存在でしかなくなってしまいます。そして、最悪の場合にはクビを言い渡されることになってしまうかもしれません。

イギリスの作家、サミュエル・スマイルズは、

「他人を統率していくときには、才能よりも、礼儀正しさのほうがはるかに強烈な影響力を与える」

といっていますが、これは、組織において上司たるものの礼儀正しさがいかに大切かという教えです。

また、プロスキーヤーで登山家、冒険家の三浦雄一郎さんは、

「リーダーは、いかなるときも上機嫌で、希望の旗印を掲げていなければならない」

といっています。

不機嫌だけでなく、上機嫌も連鎖するものです。それは、職場だけでなく、家庭であっても同じです。**礼儀正しさを身につけ、まわりに上機嫌の連鎖を起こすような存在になることを目指しましょう。**

人間関係の要点

こんな「小さなこと」で印象は決まる

世界的大ベストセラー『7つの習慣』などの著書で知られるスティーブン・R・コヴィーは、こういっています。

「小さな心遣いと礼儀は、とても大切である。人間関係において、小さなことは大きなことである」

と。また、『幸福論』で知られるカール・ヒルティも、

「人間の真の誠実は、たとえば礼儀正しさと同じように、小さなことに対するその人の態度に表れる」

と述べています。

コヴィーは一九三二年生まれのアメリカの作家・経営コンサルタント、かたやヒルティは一八三三年生まれのスイスの法学者です。

時代や国は違えど、世界的に影響を与えた著書のある二人が、同じように礼儀の大切さに言及しているのは興味深いところですが、「ちょっとしたことでも礼儀正しくあれ」という、この教えは、万国共通、誰にも必要なものだといえるでしょう。

たしかに、人と人との関係を振り返ってみると、じつは〝ちょっとしたこと〟の上に成り立っているものです。

たとえば、会ったときにちょっと頭を下げたり、微笑みを浮かべたりするなど、何気ないしぐさを積み重ねていくなかで、いつの間にかお互いを大切に感じたり、必要な存在だと思うようになっていくものです。

心理学に**「単純接触効果」**というものがあります。一九六八年に、アメリカの心理学者、ロバート・ザイアンスが発表した理論で、「繰り返し接すると意識しないうちに相手に対する好意度や印象が高まる効果がある」としています。

また、**「ミラーリング効果」**という理論もあります。こちらはニューヨーク大学のターニャ・チャートランド博士が、一九九九年に行なった実験をもとに発表したもので、相手のしぐさや言動を鏡のように真似をすることにより、相手に好意や親近感を抱かせることができるとしています。

これらの理論は、そのまま礼儀正しさにもあてはまるような気がします。

つまり、何度も、繰り返し礼儀正しく接し続けていれば、確実にいい印象を与え、好意を持ってもらえるというわけです。

たとえば、小さな頼みごとでも、しっかりと頭を下げる。それはちょっとしたことだけれど、そんな礼儀正しさを常に繰り返す――。それが礼儀正しい人になり、まわりから好かれ、信頼される人になるための基本なのだといえるでしょう。

人に応援される人

「感謝」は、最も美しい礼儀作法

「感謝の気持ちを表すことは、最も美しい礼儀作法である」

これは、フランスの哲学者、ジャック・マリタンの言葉です。

世の中には、何かうまくいかなかったときに、やたらと運の悪さを嘆いたり、他人のせいにしたりする人がいますが、自らの失敗を人のせいにするほど失礼なことはないと思います。

どんな人も自分一人で生きているわけではありません。必ず人の協力があってこそ生きていられます。

二〇二一年四月一一日に、松山英樹選手が日本人としてはじめてマスターズを制覇したとき、「ここに立てることをうれしく思います。多くのファンのみなさんありがとうございました。オーガスタ・ナショナルGCのメンバーのみなさんありがとうございました」と感謝の言葉を口にしました。

それだけではありません。松山選手がウイニングパットを沈め、大きな拍手がわき起こるなか、松山選手を支えていたキャディーの早藤将太さんが、一八番のピンを挿したあと、キャップを脱ぎ、コースに向かって丁寧にお辞儀をして感謝の意を伝えたことに対し、海外の記者たちからも称賛の声が上がりました。

礼儀正しさが称賛されるのは、日本だけではありません。礼儀を大切にするべきだというのは、万国共通の価値観だということです。

ゴルフは個人競技ですから、自分自身が強くなければならない競技です。松山選手も、過去には取材に対して、「ギャラリーが多いとか少ないとか関係なく自分のプレーができればいいと思います」などと、何より自分の強さを追求することの大切さをコメントしていました。

しかし、その言葉の裏では、それも自分を支えてくれる、まわりの人がいるからだということを誰よりも知っているのだと思います。

また、そんな松山選手の思いはチームの全員に共有され、チームも一つにまとまっていたのでしょう。だから、早藤さんも、ともに戦った松山選手が最高の試合を成し遂げた瞬間、ごく自然にコースに向かって丁寧にお辞儀をしたのだと思います。

なんでもそうですが、**一人でできることは限られている――それをわかっているかわかっていないかで人としての器の大きさが違ってくる**と思います。

当然のごとく、一般社会でも、**何か協力してくれた人、支えてくれた人に感謝を伝えることが大切です**。でも、それをないがしろにする人がけっこう多いようです。

おそらく、結果がうまくいったら、ホッとして気が回らないのだと思います。でも、そこに、日頃から謙虚な姿勢や感謝の気持ちを持っているかどうかが表れてしまいます。どうしてうまくいったのかを考えることができたら、支えてくれた人、協力してくれた人の顔も浮かんでくることでしょう。自分だけの力では、できることは限られているのだと心に強く刻んでおくことです。

支えてくれた人、協力してくれた人をけっして忘れてはいけません。うまくいったときはもちろん、うまくいかなかったときもです。その人たちがどれだけ時間を割いてくれたか。労力をかけてくれたか。どのような気持ちでいてくれたか。そこまで想像力を働かせて、感謝することです。

感謝を伝える手段なんてなんでもいいのです。電話一本でもいいし、メールでもいいし、ＬＩＮＥでもいいと思います。

そうすると、相手もまた、自然に何かしてあげようという気持ちになって、いろいろなことがうまくいくようになります。

たとえば会社を辞めることになったときも、「飛ぶ鳥、跡を濁さず」という言葉があるように、しっかり筋を通してきれいなかたちで辞めるべきでしょう。それが礼儀であり、社会人として果たすべき義理です。

それを面倒くさがって、おかしな辞め方をすると、そこで人間関係は完全に切れてしまいますし、何かあったときでも助けようとは思ってもらえないでしょう。

よく、「会社を辞めれば、そこでの人間関係は終わりだ」という人がいますが、それは間違いです。たとえ違う会社で働くことになっても、社会人としての関係がなくなるわけではありません。**自分のほうから断ち切らない限り縁は続いていきますし、助け合う場面はいくらでも出てくるでしょう。**

また、辞めたあとのほうが、損得勘定抜きの関係も築けます。そうした人間関係の広がりのなかで、お互いに成長できる関係も築けますし、新たな可能性が生まれてくることだって少なくないでしょう。

一人の社会人として関係を続けていくか、それとも目先のことだけにとらわれて断ち切ってしまうかによって、その後の人生が大きく変わることになるかもしれないのです。

相田みつをの言葉

「アノネ、お礼とおわびは、速いほうがいいよ」

いまの若い人たちには信じられないことかもしれませんが、二〇～三〇年ほど前までは、上司が部下を飲みに連れていくのが「当たり前」でしたし、部下も喜んでついていったものです。

一緒に飲みにいくことでお互いの距離を縮められたし、そこでいろいろ学べたので、私も上司と飲むのを楽しみにしていました。

ある意味では、上司が自腹で部下におごるのが礼儀だったし、それにつきあうのも礼儀だったといえるかもしれません。

しかし、それはもはや通用しなくなっています。いまの若者の多くは、上司と飲むことを苦痛だと感じるようになっています。

それよりもプライベートな時間を大切にしたいというわけです。少しでも無理強いしようものなら、たちまちパワハラだと糾弾されてしまいます。

上司にしてみれば、よかれと思ってやっていることが、若い人たちには受け入れられないこともあるのです。そのあたりについては気をつけて、時代に合わせていくしかないでしょう。**「時代が変われば、礼儀正しさも変わる」**ということです。

ただし、**どんな時代になろうと、人と人とのコミュニケーションにおいて、礼儀が大切だという根本は変わらない**と思います。

たとえば、きちんと挨拶をするとか、お礼をいうとか、感謝の気持ちを伝えるなど、日常のちょっとした気遣い。これは時代が変わっても変わりません。

そうすることで相手との距離を縮めて、コミュニケーションがスムーズになっていきます。

食事に連れていってくれたことに対するお礼でも、昔なら「ちゃんとお手紙を書いて」というのが原則でしたが、いまはもうＬＩＮＥでも許される時代になっているのでは？

年配の方のなかには、ＬＩＮＥなんてやっていないという人もいるでしょうが、いまでは業務でも使われるようになっているツールですから、**てっとり早くＬＩＮＥでお礼の気持ちを伝えても問題ない**だろうと思います。

その際、日をおかず、できるだけ早く伝えることが大切です。あまり日をおいてからだと「お礼の一言も寄こさない」「かえって迷惑だったのかな」などと、あらぬ誤解を生む原因にもなってしまいます。

だから、ＬＩＮＥでもメールでもいいので、早くお礼を伝える。そして、次に顔を合わせたときに、あらためて「先日はありがとうございました」といえばいいのです。

食事をごちそうしていただいたときだけではありません。どんなケースでも、**お礼は、早ければ早いほど気持ちが伝わる**ものです。

ですから、何か頼みごとをしてお世話になったり、贈り物をいただいたりした場合などは、できればその日のうちか、次の日にはお礼をすることを心がけましょう。

いうまでもなく、一番ダメなのは、リアクションをしないこと。**たとえば、誰かに何か相談してアドバイスしてもらったとき。アドバイスしたほうは、アドバイスしてもらったほうより結果を気にかけていることも少なくないのです。**

あるいは、何かいただきものをしたのに、リアクションをしないと、相手は「届いていないのではないか」とか「贈ったものが気に入らなかったのではないか」と、よけいな心配をしてしまいます。

大切に思っている相手であればなおさらです。リアクションがないとがっかりしてしまいますし、それよりも何かあったのではないかと不安を覚えることさえあります。そんな思いをさせることがとても失礼であることはいうまでもありません。

また、せっかくお礼の気持ちがあるのに、ついついあとまわしにしているうちに時間が経ってしまうことがありますが、それではお互いの気持ちがなんとなく冷めてきてしまいます。「鉄は熱いうちに打て」といいますが、早いほうが、間違いなく気持ちが伝わると思います。

相田みつをさんの言葉に、

「アノネ　お礼とおわびは速いほうがいいよ　おそくなると余計なべんかいをしなければならないからね」

とありますが、まさにそのとおりなのです。

「小さな約束」を果たしてゆく

人も運もチャンスも引き寄せる人

相手に対する気持ちは、本人が意識するかしないかは別にして、必ず「行動」に表れるものです。

たとえば自分にとって、さして重要ではないと考えている人に対しては、残念ながら、時間を守らない、期限を守らないなどという行動に出がちです。

逆に、自分が大切にしたいと思う人に対しては、時間を守る、期限を守るなど、きちんとした行動を心がけるものです。

しかしながら、**礼儀正しくふるまうとは、相手が誰であれ、同じように誠意を持って行動し、まずしっかりと〝かたち〟で示す**ことだと思います。

自分と関わりのある人をけっして軽んじるべきではありません。どんな人でも自身と関わる人は大切に考えるべきです。**損得勘定によって自分に大切な人かそうでないのかを区別してしまうのは、とても危険なこと**だと思います。

そんなふうに分け隔てをして人を甘く見ていると、いつか痛い目にあってしまうように思えてなりません。

たとえば同時に何かを依頼されたときに、もちろん依頼してきた人とのおつきあいの深さなどによって、優先順位をつけるのはしかたないにしても、つきあいの浅い人や自分にとって得にならない人だからといって、頼まれたことをおろそかにしたり、約束を平気で破ったりすると、先方との関係は、おそらくそれきりになってしまうでしょう。

人は、小さなことでも約束を守って誠意を持って行なってくれる人に信頼の情を寄せるものです。

だから、**相手との「小さな約束事」をきちんと果たしてゆく。**その積み重ねによって、信頼関係を築いていけるのだと思います。

相手が誰であれ、口ばかりで行動で示すことをしないと、相手に誠意が伝わらないのはもちろん、人としての信用も落とし、いざというときに、手を差し伸べてくれる人がいなくなってしまうでしょう。

おつきあいの深さや損得勘定に流されないこと。そして相手に誠意を持って対応してこそ、「礼儀正しい人」といえるのではないでしょうか。

そして、そんな**礼儀正しい人こそが「人」も「運」も「チャンス」も引き寄せる**ように思います。

実るほど
頭を垂れる……

謙虚さは、上に行けば行くほど求められる

将棋の藤井聡太棋士は、対局して最後に相手が「参りました」「負けました」と頭を下げるとき、必ず相手より深く頭を下げて、相手が頭を上げるまで絶対に頭を上げません。

私はそれを見るたびに、対戦相手に対する深い敬意を感じますし、まさに「実るほど頭を垂れる稲穂かな」を体現していると感じてしまいます。

一方、藤井棋士の勝利の裏には必ず敗者があるわけですが、いままでは全員が藤井棋士の先輩でした。

その先輩たちの藤井棋士に対するコメントにも深く心を揺さぶられます。

たとえば、現役最強と称される渡辺明棋士は、藤井棋士が二〇一六年に史上最年少で四段昇段（プロ入り）した直後から彼の力を認めていました。

二〇一七年には「藤井君の将棋は、まさに時代の流れを象徴しているんですよ」と語っていました。また、藤井棋士が史上最年少での二冠を達成した二〇二〇年には、「終盤の読みの速さが違う」と称賛していました。

藤井棋士は二〇〇二年生まれ、渡辺棋士は一九八四年生まれですから、年齢差は一八歳……。凡人なら、どうしても上から目線でものをいってしまいがちです。

しかし、渡辺棋士には年齢差なんてまったく関係ないのでしょう。

プロ棋士として藤井棋士に敬意を払っていますし、藤井棋士もそれを十分にわかっているからこそ、対戦して勝利したときに、相手より深く頭を下げているに違いありません。

それは当然、対局を見ている人たちにも伝わります。そして、お互いに敬意を払い合っている棋士同士の、しのぎを削る戦いだからこそ、見ているファンは熱くなるし、すばらしい戦いを期待するのです。

それにしても、相手に敬意を払いつつ、死力を尽くして戦うなんて、凡人の私たちにはなかなか真似のできないことです。ややもすれば、「自分のほうが年上だ」「役職が上だ」などという思いが先に立って、つい上から目線になってしまいがち……。

なかには、そんな俗世の価値観が先に立って、相手に対して、乱暴な言動に出てしまう人もいます。

それでは「横暴だ」「傲慢だ」と見られ、自分の価値を下げてしまうばかりです。藤井棋士や渡辺棋士のように、謙虚さを忘れないように常日頃から気をつけるようにしたいものです。

アメリカ独立宣言の起草委員の一人で、アメリカ合衆国建国の父と呼ばれる政治家、ベンジャミン・フランクリンもこういっています。

「目上に対しては謙虚に、同僚に対しては礼儀正しく、目下には優しくふるまう。こ

れはみんなが心地よく生きるための社会生活のルールである」

しかし現実問題として、年を取るにつれ、あるいは社会的地位が高くなるにつれ、ついつい謙虚さや礼儀正しさを忘れてしまう人も少なくありません。

それは、影響力が大きくなるにつれて、その人を都合よく利用しようとする人が集まり、ヨイショばかりするようになるからです。

まわりがイエスマンばかりになり、ヨイショされているうちに、どんな人でも自分を見失ってしまいがちになります。それほど自分には能力があり、人から頼られているのかと錯覚してしまうのです。

一方、イエスマンたちは、自分にとって都合の悪い情報は徹底的に覆い隠そうとします。自分にとって都合のいい情報しか上げなくなりますし、忖度（そんたく）と称して、自分の利益になるような都合のいい言動を繰り返すようになります。

その結果は悲しいものです。〝権力者〟は「裸の王様」になり、人々から避けられるようになってしまうのです。

そうなれば、権力者にせっせとゴマをすっていたイエスマンたちも一連托生です。「あの人はしょせん、虎の威を借る狐にすぎない」と見透かされ、たちまち相手にされなくなってしまうでしょう。

権力者のご威光でいい思いができる時間なんて限られているものです。そしていったん失った信用を取り戻すには、とてつもない努力と長い時間がかかることになります。

ようするに、**結局、邪心を持って人と接してはいけない**ということです。まして、権力者の傘の下で傲慢になってはいけません。

自分が自分らしく生きていくには、目上に対しては謙虚に、同僚に対しては礼儀正しく、目下にはやさしくふるまうのが一番なのです。

「NO」といえる人になる

礼儀正しい人の「断る力」

最近の若い人のなかには、店員さんに話しかけられるのを嫌がる人が増えているそうです。ネットショッピングで用が足りることが多くなったからでもあるのでしょうが、店頭で洋服などを買うときに、いちいち店員さんと話すのはうっとうしいし、苦痛に感じるというのです。

そんな人によくよく話を聞いてみると、自分一人で見てまわるのは楽しいのだけれど、店員さんに話しかけられたとたん、「買わないと悪いかな」という気分になったり、「無理に買わされるんじゃないか」という強迫観念にとらわれたりして、すぐにその場から立ち去りたくなるのだといいます。

でもそんな思いを抱くのは、日本人特有の傾向かもしれません。

たとえば、アメリカなどでは、店員さんから「May I help you?」（何かお探しですか？）と声をかけられても、「I'm just looking.」（ちょっと見せてもらいます）といえばそれで終わりです。店員さんはそれ以上、話しかけてきません。文化の違いといえば文化の違いです。

そもそも日本人には、「何か頼まれたときにすぐに断るのは失礼にあたる」と考える傾向があります。古くから礼儀や礼節が重んじられてきたせいもあるのでしょう。「NO」といえない人が多いようです。

特に親しい間柄だと、相手に嫌われることを恐れて、断るのか断らないのかはっきりさせず、あいまいな返事をする人も少なくありません。まして、仕事上で頼まれたことを断るのは至難の業だという人がほとんどでしょう。

でもそんなあいまいな対応が、相手によけいな期待をさせたり、ときには損害を与えたりすることさえあります。**きちんと断らなかった結果、かえって礼儀を欠くこと**

になってしまいかねないのです。

そういう意味では、**できること・できないことをはっきりさせ、断るときにはきちんと断る勇気を持つ**べきだと思います。

一方、引き受けた以上は、責任を持って、できるだけのことをしなければなりません。そうすれば、仮にうまくいかなかった場合でも、その人に対する信頼は高まり、礼儀正しい人だと認めてもらえるでしょう。

あいまいな態度が結果的に相手を裏切ることになりかねない。このことをけっして忘れてはいけないと思います。

謝罪の鉄則

謝るときは、堂々と

人は生きていくなかで、故意であれ、過失であれ、周囲の人に迷惑をかけて謝らなければならないことがあるものです。

そんなとき、**「ごまかさないこと」**が大切です。

間違ったことは間違ったと素直に認めて、相手と真摯（しんし）に向き合って、きちんと事実を伝え、どこが悪かったか、何を反省しているのかということを明確にしたうえで、頭を下げましょう。それを、とりつくろおうとしたり、言い訳ばかりを積み重ねたりすると、こじれることになってしまいます。

しっかり謝ると、相手との関係を修復する時間も短縮されます。相手のほうも、ちゃんと謝ってもらえたら、「誰でもミスはあるものだし……」と理解を示しやすくなります。

それなのに、へたにとりつくろおうとされたり、ごまかそうとされたりしたら、怒りをしずめる糸口を失い、その結果、関係がよけいにこじれてしまうのです。

それにしても、最近の政治家は本当に謝り方がへたですね。素直に謝ればいいのに、あれこれ言い訳を繰り返したり、問題をすり替えようとしたりする姿勢があまりに露骨で、見ていて腹立たしくなるばかりです。少し前まで常套句だった「記憶にございません」がかわいく思えてくるほどです。

新型コロナが流行するなか、国民に会食自粛を求める一方で、政治家や官僚が会食を繰り返していたのが発覚して、謝罪会見が立て続けに行なわれましたが、すべてが言い訳に終始していました。

「それぐらいなら、きっぱり堂々と謝って、『以後気をつけます』といったほうが国民の理解も得られるのに」と思ったのは私ばかりではないと思います。

もはや政治家の矜持なんて、化石になってしまったようです。最近の政治家の言い訳をちょっとまとめれば、「絶対にやってはいけない謝り方集」がつくれそうです。

でも、政治家に限らず、謝り方を知らない人はたくさんいます。何かあると、すぐに体調のせいにする人もいれば、「電車が遅れた」など理由にならない言い訳をいって不可抗力だと主張する人もいます。

それぐらいなら、まだいいでしょう。なかには、人のせいにしたり、部下に責任をなすりつけたりする人もいます。

そうなると、迷惑をかける範囲は一気に拡大します。本人は責任逃れをしたい一心なのでしょうが、まったくもって迷惑千万な話です。

ただし、そんなことをすれば、たちまち信頼を失い、見向きされなくなるでしょう。最後のツケは必ず本人に返ってくるのです。

2章

この「気遣い」

――こんな「小さなこと」も大事にする

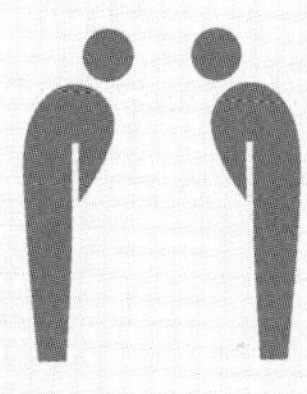

「お先にどうぞ」

「譲る人」は、とても美しい

「宴席で作法を守るように人生の作法を守ることを忘れてはならない。ごちそうが回ってきたら、礼儀正しく一人分を取る。次に回るのを滞らせないように。まだ回ってこないうちから欲しそうにしないで待つように。地位や富、妻や子どもについても同じこと」

これは古代ギリシアの哲学者、エピクテトスの言葉で、人生における礼節の大切さを教える言葉とされています。**「宴席で作法を守るように人生の作法を守ることを忘れてはならない」**というわけです。

実際、宴席でのシーンを思い浮かべると、**「どうぞ」「お先に」「恐れ入ります」**などというフレーズが出てきませんか？

目の前にごちそうが回ってきたとき、日本人なら、「どうぞ」「お先に」という言葉を自然に口にする人が多いと思います。さらに、先に料理を取るときには、**「失礼します」**と一言添えるのでは？

そういう、いわゆる〝クッション言葉〟を口にすることで、相手に敬っている気持ちを表現できますし、そんな**丁寧な言葉遣いに品性や礼儀正しさが表れる**ものです。

相手を思いやる言葉を発することで、心に余裕が生まれ、ごく自然に相手に譲ることができるようになるでしょう。それは、人生の過ごし方にも通じることだというわけです。

私は、エピクテトスのこの言葉は、**「譲ることの大切さ」**にも通じるのではないかと思います。

譲るという行動は最も美しい礼儀作法の一つだと思いますし、日本人のなかには、そんな文化がしっかりと根づいているはずです。

ようするに、気持ちが伝わるのが大事で、それが「どうぞ」とか「お先に」とか「恐れ入ります」という言葉であってもいいし、所作とか行動とか、そういうものでもいいと思います。

たとえば、エレベーターに乗るときに、「どうぞお先に」と、ちょっと手を動かして身振りで示せるかどうか——。

そういうちょっとした言葉、行動の積み重ねが大切なような気がします。そんな言葉や行動をぜひ身につけたいものです。

最初はなかなか難しいかもしれませんが、意識して使っているうちに自然にできるようになりますし、一度身についたら、意識しなくてもできるようになります。**この礼儀正しさは、一生の宝物になるはずです。**

たかが肩書、
されど肩書

「相手を立てる」と仕事は好転する

人間は悲しいもので、やっかみや妬みと無縁ではいられません。そして気をつけているつもりでも、ついつい他人をうらやましいと思って、素直に敬意を示すことができなくなってしまいます。

そんな人のなかには、「人を評価するのに、相手の肩書や実績など一切関係ない」と言い切る極端な人もいます。

「組織における肩書や実績は、あくまでもその人の一部にすぎないのだから、それに対していちいち敬意を払うなんてバカバカしい」というわけです。たしかにそういう考えもあるでしょう。

でも、そんなところで片意地を張る生き方は窮屈じゃないでしょうか。

私自身は、肩書にとらわれるのはよくないと思っているタイプの人間ですが、世の中には、肩書だけで相手を評価する人がいくらでもいます。

また、ある程度の地位に就いて周囲からチヤホヤされているうちに、錯覚して自分を過大評価しているような人も少なくありません。

そんな人と接するたびにイライラしていては、自分自身がつらくなるばかりですし、周囲の人たちともうまく人間関係を築いていくこともできなくなってしまいます。

たとえば結婚式の司会をしていると、なかには肩書にこだわって、ことさら偉そうにふるまう人もいないではありません。

でも、そんな人の人間性をどう評価するかは自分のなかでジャッジすればいいだけのことですし、そんな小さなことに目くじらを立て、腹を立てていては自分が損するばかりでしょう。

そこは**大人の対処法で「とりあえず相手を立てる」ようにすればいい**のです。それは、特定の相手への礼儀というより、周囲の人に対する礼儀ですし、そうすることで周囲の人との人間関係がうまく維持していけるはずです。

だいたい、まわりにヨイショされて偉そうにしている人は悪目立ちするもので、周囲の人もわかっています。

そんな人を相手に正面からぶつかって損をする必要なんてありません。「それだけの肩書を持っている人はそれなりに見えない努力をしてきたのだろう」ととらえて、その点については敬意を表そうではありませんか。

人の実績を素直に認め、受け入れ、相手を立てる。そうすることによって、人間関係はスムーズになりますし、ラクになります。

卑屈な考え方は、人間関係を悪化させ、負のスパイラルに陥る要因にもなりかねません。どんなときも明るく健全な心で人と接することで物事は好転していくものと、私は信じています。

部下を持つ人へ

こんな「ねぎらいの言葉」が人を動かす

よほどのひねくれ者でない限り、人は誰でも、自分を助けてくれた人に対して感謝の気持ちを持つものです。

しかし、それを言葉にして表現するのが苦手な人もいるようです。たとえば立場の違いを気にする人もいます。

上司たるもの、感謝はしているものの、部下に対して軽々しくお礼をいうのは気恥ずかしいと思っている人もいるようです。

あるいは同僚同士だと、なんとなく負けたような気になるから、感謝はしているのだけれど、正面切ってお礼の言葉なんていいたくない、という人もいます。でも、それでは相手に本当の気持ちは伝わりません。

「ありがとう」という一言は人間関係における大切な潤滑油です。立場の違いなどにためらうことなく、意識して感謝の気持ちを伝えるようにしたいものです。

また部下を持ったら**「ねぎらいの言葉」**も大切です。「ねぎらう」は漢字で「労う」と書きますが、辞書を引くと、「苦労や骨折りに感謝し、いたわる。現代では、同等または下の人に対して用いる」という意味とされています。

私は、「ねぎらい」という言葉には、自分自身に対してというよりも、組織や社会への貢献に対する敬意の表明といった意味合いが強く含まれているように感じます。そういう意味では、上に立つ者は広い視野を持って部下に目配りし、貢献した者を的確に評価して、きちんとねぎらうべきだと思います。

往々にして部下がどんなに努力しても、「そんなの仕事のうちだ」「俺たちだって、そんな苦労を乗り越えてきたんだ」「乗り越えてこそ一人前になれるんだ」などという人もいます。

そんなの、いつの時代の理屈でしょうか。それでは組織はうまく回りません。部下は自分が軽視されたと感じるばかりでしょう。

きちんと仕事をした部下には、きちんとねぎらいの言葉をかけましょう。**「おつかれさま」「がんばったね」「たいしたもんだ」「助かったよ」「頼りにしているよ」「ありがとう」**……心から部下の成長を期待しているのなら、やはり、きちんと言葉にしないと、伝わることも伝わりません。

それが職場であっても、親子であっても夫婦であっても同じです。最後は、相手に対する敬意を示せるか、礼儀正しく接することができるかで、自身の品位が問われることになるのです。

一言ひとことの
大切さ

「やさしい言葉」は、相手の心に届く

ふだんから、まわりの人に「おつかれさま」とか「今日はよくがんばったね」などとやさしい言葉をかけることができる人は「あの人はやさしくていい人だ」と思われますし、礼儀正しい人だと評価されます。

特別な言葉など必要ありません。

さりげなく、自然に出るやさしい言葉の一言ひとことの積み重ねこそが、その人の評価につながるし、そんな言葉はいつまでも相手の心に残るのではないでしょうか。

私は、この**やさしい言葉を使うということには、「わかりやすい言葉で話す」とい**

うことも含まれていると思います。

最近、いろいろな場面でいわゆる専門用語を使う人が増えています。特にＩＴ関係や経済関係の業界では、日々新しい言葉が出てきています。

このスピード社会においては、新しい理論や概念が生み出されるのがものすごい速さになっているのでしかたがないのかもしれませんが、業界人同士の話を聞いていると、専門用語ばかりで、もう話が半分もわからないこともあるほどです。

専門家同士ではそのほうが手っ取り早いし、会話も成立するのでしょう。でも、一般の人に対して話すときは、もう少し気配りしてほしいと思うのは、私ばかりではないでしょう。

やたらと専門用語を使う人は、「なんだがエリート意識が強い人だな。イヤな感じだな」と思われがちです。

本人は無意識に使っていることが多いのだと思いますが、受け止める側からは「こちらをけむに巻いてだまそうとしているんじゃないか」と邪推されることにもなりかねません。

何よりも、そういう言動は相手への配慮が欠けていると思いますし、無礼なことだといってもいいでしょう。

無意識に専門用語を使っていませんか？　本当に賢い人は、相手のことも考え、わかりやすい言葉でやさしく話そうとするものだと思います。

専門的なことを話そうとすればするほど、それが難しいことはわかりますが、専門用語で自分の世界のことをどんどん話すのは自分勝手だと思います。

相手がわからないかもしれないということまで想定してしゃべるのが一番スマートだし、それが相手に対して敬意を払ったうえでのやさしさであり、礼儀正しさだと思います。

タイム・イズ・マネー

自分の時間も、人の時間も大事にする

私たちにとって、時間はとても貴重なものです。

働くための時間、家族と過ごすための時間、あるいは自分自身のためのプライベートな時間……どれを取ってもおろそかにはできないもので、誰もがムダにしたくないと思っています。

また、どの時間を大切にするかは人それぞれです。何もせずにボーッとしているからといって、**他人が人の時間の使い方にケチをつけたり、ムダだと決めつけたりしてはいけません。**そのボーッとしている時間がその人にとっては大切な時間かもしれませんし、その大切な時間を邪魔されたら、誰でもムッとするでしょう。

ところが困ったことに、自分の時間は大切にするのに、相手の時間にはまったく気遣いできない人が意外と多いのです。

メールやSNSが普及して、二四時間いつでもつながれるようになったことも要因だと思いますが、時間帯や相手の都合などまったく考えず、おかまいなしで連絡したあげく、返事がないと、「どうしてすぐに返事をくれないの！」「あなた、いい加減ね」と逆ギレする人もいるようです。

会社において、上司に何かを尋ねるとき、同僚に何かを依頼するときにも、時間に対しての配慮が必ず必要です。相手はその依頼によって貴重な時間を割くことになります。

ですから「～の件ですが、お手すきのときに教えていただけますか」とか「ご相談があるので少しお時間をいただけますか」と、まず一言添えるべきでしょう。いきなり「わからないので教えてください」では、相手は戸惑ってしまうでしょうし、忙しいときにはイラっとしてしまうかもしれません。

また、電話をかけるにしても、相手が出たら、「いま、お時間よろしいですか？」の一言を加えることは忘れたくないものです。

そして共同作業をするときには、事前に他のメンバーの都合も聞いて、ときにはそれに合わせるぐらいの気遣いは必要です。

人に与えられた時間は一日二四時間。**この二四時間は平等に与えられたものであると同時に、誰にも侵されてはならないものです。自分の時間もそうですし、他人の時間もそうです。**

それぐらい貴重なものだということを強く認識すべきですし、「いつでも自分の都合を優先させるのは、周囲の人の大切な時間を奪うことになる」ということを心に留めておくべきでしょう。

「礼儀正しい人は、相手の時間を大切にする」ということです。

「物静かな人」の魅力

一緒にいるとなぜか心が安らぐ人

無礼な人には「うるさい人」が多いようです。

もともと自己主張が強いこともあって、ついつい声を荒らげる傾向があり、うるさい存在となります。

また、そういう人に限って自己愛が強くて、自分がいかに優秀かを認めさせたくてしかたがありません。そのため、アドバイスと称して、いちいち周囲の人に干渉したりしてきます。

それは、自分がいかに優秀かをアピールしたい一心からなのですが、干渉されたほうは、押しつけがましさに辟易（へきえき）するばかりで、「あなたのアドバイスなんていらないから！」と突き放したくなります。

また無礼な人は、周囲の人（特に自分の出世に関係する上司）が自分をどう評価しているかが気になってしかたがありませんから、自分のことをどう思っているかを聞こうとして、あれやこれやと話しかけてきたりします。

それも、相手の都合など一切かまわずですから本当に迷惑な話で、みんなが〝うるさい〟と感じるのも当然のことでしょう。

一方、**礼儀正しい人はいつも落ち着いていて、どちらかといえば物静か**です。自分の領域と他者の領域をわきまえており、他者の領域に土足で踏み入るようなことは控えています。

それは、周囲の人に関心がないからではなく、相手への気配り、気遣い、配慮からでしょう。

また、その落ち着いた物腰は、本人はまったく意識していないのでしょうが、みんなに安心感を与えてくれます。

そう、礼儀正しい人といると心が安らぐのです。礼儀正しい人が人に好かれ、結果的に評価されるのは、そういう理由もあるからでしょう。

それにしても、最近の政治家のなかには、その発言が私たちの心に響かない人が増えているような気がしませんか？

言葉だけはいかにもというフレーズを並べているのですが、実をともなわず、なんだかはぐらかされているようにしか聞こえてきません。

国民のことなんて全然考えていないし、選挙のことしか考えていない。自分さえよければいいという保身の気持ちが透けて見えるのは、残念でしかたありません。

大人の「社交辞令」術

相手のメンツをつぶさない「断り方」

人が社会生活を営んで、いろいろな人とつきあっていくなかでは、当然のように**「お断りしたい場面」**も出てくるものです。

たとえば食事に誘われた場合、どうやりくりしても時間的に無理なこともあれば、前々から別の用事が入っていることもあるでしょう。

また、急にどうしても対応しなければならないことが起きる場合もあります。自分が何人もいるなら別ですが、相手からの誘いや依頼にすべて応じることはとてもできないでしょう。

あるいは、時間はあっても、どう考えても気が合わない人や、あまりにも一方的に好意を示して接してくるような相手からの誘いや依頼には応じかねることもあるでしょう。

そんなとき、「行けません」とか「行きたくありません」と、きっぱり断るのは当然のことですし、しかたのないことです。

なかには、誘いや依頼を断ることにひどく罪悪感を抱く人がいますが、それを苦痛に感じる必要などまったくありません。できることはできる、できないことはできないと割り切りましょう。気に病むだけ時間のムダになってしまいます。

ただし、**どんな場合でも、断るときには相手のメンツをつぶさないような配慮だけは忘れないようにしたい**ものです。

本当に親しい間柄なら、正直に理由を話しても問題はないでしょう。「かくかくしかじかで、その日はどうしても都合がつかないの。あとで埋め合わせするからね！」と説明すればいいだけです。相手もきっと理解してくれるはずです（そこで理解してくれないような人は親友とはいえません）。

しかし、そこまで親しくない相手に対して、すべてをバカ正直にいう必要なんてありません。

たとえば、ちょっとした知り合いからパーティーの招待状が届いたのはいいけれど、旅行に行く予定があった場合など、わざわざ「旅行に行く予定が前からあるので」と書く必要はありません。「やむを得ない事情により」と書けば十分でしょう。それこそ、**大人のつきあい術というか、〝社交辞令〟を使えばいい**のです。

また、**断りの返事を出す際には、即日返事を出すのではなく、二、三日空けて返事をするといい**でしょう。

間髪をいれずにお断りの返事を出すと、さすがに相手も気を悪くするかもしれません。そこでワンクッションおいて返事をすることで、「いろいろ調整したけれど無理だった」という感じを演出するわけです。嘘といえば嘘ですが、それも一種の大人の礼儀といえるでしょう。

ところで、難しいのはビジネスシーンにおいて、指示された仕事を断らなければならない場合です。

そもそも、職場で振られた仕事を断るのはそうそう簡単なことではありませんが、家族が病気になったり、いま抱えている仕事からどうしても手が離せなかったりする場合など、さまざまな理由で断らざるを得ない状況に追いこまれることもあります。

そんなとき、親しい同僚や部下になら本当の理由を話せても、上司や周囲には知られたくない場合もあるでしょう。

かといって、たとえば上司から直接仕事を振られたにもかかわらず、どうしても受けられないからといって、簡単に「できません」と断るわけにはいきません。そんなときには、次のような一言をプラスします。

「誠に残念ですが……」

「せっかくお声がけいただきましたが……」

「願ってもないお話ですが……」

「ぜひともご一緒したいところですが……」

自分としてはあなたに礼を尽くしたいと思っているんですよ、という気持ちをきちんと相手に伝えるためのフレーズです。

さらに、自分の非力さを理由にするのも一つの方法です。

「このまま私がお引き受けすると、逆にご迷惑をおかけしてしまうので……」

「私のいまの力では足を引っ張るかたちになりそうなので……」

「ご協力させていただきたいのですが、もしお引き受けしてクオリティを下げてしまっては申し訳ありませんので……」

なんとなく自分を卑下したように感じて口にしにくいかもしれませんが、上司に自分の礼儀正しさが確実に伝わると思います。

長い目で見ると、そのほうがプラスになるはずです。

「真面目」の落とし穴

もうちょっと図太くなっていい

いまの若い人たちはとても真面目です。でもその反面、他人の評価をとても気にしていて、失敗することを極度に恐れる傾向があるように感じます。そして、それがハラスメントを拡大解釈する風潮を生んでいるような気がします。

たとえば、メディアを通していろいろなハラスメントが問題化されてきましたが、そのうちどれが、ハラスメントとして指摘されるものなのかはっきりしません。

そもそも昔は、現場でも仕事終わりの酒の席でも、先輩社員が後輩社員に対して社会のオキテを繰り返し教えたものです。

それに対して後輩たちは、それが当たり前だと思っていましたし、「あんまりうるさいことをいわれたら聞き流しちゃえばいいや」とある程度適当に、ある意味図太くとらえていたといってもいいでしょう。

しかし若い人はとにかく繊細で失敗を恐れますし、失敗する自分を許せません。だから少しでも注意されると、まるで自分が全否定されたような気持ちになってしまい、その精神的苦痛から逃げるために、「嫌がらせを受けた」と訴え、よけいにつらさをつのらせていきます。「とても打たれ弱い」といってもいいでしょう。

そのため、会社側もどこまで指導していいのかわからず、何をしたらハラスメントになるのかを探りながら社員と接しているのが現状です。これではお互いに疲弊してしまうばかりでいいことはありません。

働き方に関して政治主導のシステム上における改革だけではなく、お互いに歩み寄り尊重し合う気持ちを持つことが、本当の意味での働き方改革につながるのではないでしょうか。

真面目な人が礼儀正しいとはいい切れません。

また、みんなと協調していけるというわけでもありません。

真面目な人ほど判断基準が結果重視に偏りがちで、「いわれたことはやっている」「きちんと数字は上げている」と自分を正当化したり、結果を出すことにのみとらわれたり、人に対する敬意とか思いやりに欠けたりする部分が多いとも感じています。

それではとても礼儀正しい人とはいえません。

結果や成果にこだわりすぎず、失敗しない人間などいないのだと開き直り、自分を追いこみすぎないことです。**特に若い人には、多少の失敗はご愛嬌と笑い飛ばすぐらいの図太さを身につけてほしいものです。**

失敗は成功の母。時間に追われるご時世ですが、ショートカットして導いた結果より、右往左往してまわりの人を巻き込み、先輩や上司に叱咤激励されながら導き出した答えのほうが、長い目で見ると、その後の成長につながることもあるでしょう。

親しきなかにも──

「そっとしておく」という人間関係のコツ

相手との距離の取り方が難しくなっているのは、家庭内でも同じかもしれません。たとえば夫婦関係もそれぞれの家庭によってさまざまです。なんでもいい合える夫婦もいれば、ちょっとお互いに距離を保ちつつ、それでうまくいっている夫婦もいるでしょう。

いずれにしても、適切な距離感は必要ですし、「ここはちょっと何もいわないでおこう」などといった配慮は必要でしょう。いくら夫婦で親しいからといっても、それぞれは独立した存在です。まったく自分と一緒ではないので、それも礼儀だといえるでしょう。イギリスの小説家、サマセット・モームもいっています。

「良き妻は、夫が秘密にしたいと思っていることを常に知らぬふりをする。それが結婚生活の礼儀というものである」

さすがにそこまで達観するのは、難しいことかもしれませんし、いかにも古い時代の男性側からの意見のように思えますが、夫婦であっても、「あまりズカズカと相手の領域に入らない」ということが大切なのかもしれません。何か秘密のにおいを感じても、「まあ、何かいいにくいこともあるんだろうな。そういう場合もあるよ」と察してあげたり、「これをいわれたら嫌だろうな」と思いやったりする気持ちがあれば、ここまでなら口にしても大丈夫というラインもわかってくるのではないでしょうか。

また、たとえ夫婦であっても、個人宛に来た手紙を開封するのは失礼ですし、スマートフォンを勝手に見るのも失礼な行為だと思います。

ところで、いまの若い男性はパートナーにすごく気を使っているようです。

あるお店でのこと。隣のテーブルに居合わせた学生時代の友人らしきグループ。みんながけっこうお酒を楽しんでいるなか、「あれ？　飲まないじゃん」といわれている人がいました。聞いていると奥様と「ワインは三杯まで」と約束しているのだとか。「え？　外ならわからないでしょ？」と突っ込まれると、「約束してるからさ。それに酒のにおいを嫌がるんだよね」と。お酒が好きな私としては、「私にはできない！」と思いながら、その律儀さに敬服してしまいました。

また知り合いの男性のなかには、奥様の妊娠中は、好きなお酒を我慢していたという人もいます。奥様もお酒が好きなのに飲めないでいたので、それにつきあって一緒に禁酒していたというのです。

いまの若い人たちは、パートナーに上手に気を使って、ほどよい距離感を保っているのでしょう。年配の殿方のなかには、日本も終わりだ！　なんて思われる方もいらっしゃるかもしれませんが……女性の私としては、日本も捨てたものじゃない！　と感じたできごとでした。

3章

この「丁寧さ」

――誰からも信頼される人の共通点

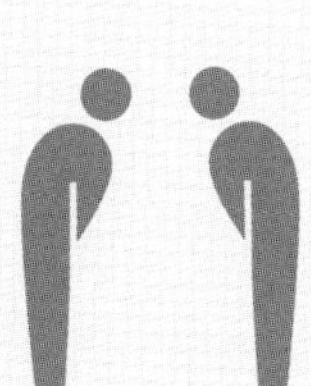

人間関係の機微

大事な報告、忘れていませんか？

「礼儀正しさ」は、周囲に信頼感を与え、仕事のチャンスを広げますが、忘れてはいけないことがあります。

それは**「報告の大切さ」**です。

たとえば、何か相談してアドバイスをしてもらったとき、お礼の気持ちを伝えることも大切ですが、その結果がどうなったかを報告することも欠かしてはいけません。

でも、往々にして、報告を怠る人が少なくないのです。

私の後輩の司会者のなかにも、報告をないがしろにする人がいました。何かわからないことがあったとき、聞くだけ聞いたあげく、どうなったか結果を報告してこないのです。

私のほうは「今日の本番は、ちゃんとうまくいったかな」と気にかけていても、次の日にも報告がない――。

そんなとき、私のほうから「どうだった？」「うまくいったの？」「心配していたのよ」と連絡します。

すると、「あ、すみませんでした、報告すべきでした」といって少しの間は直るのですが、すぐまた同じことを繰り返してしまいます。

私は、そのつど注意するようにしていましたが、なかなか報告することの大切さを理解してもらえず、残念に思ったものです。

ふつうの会社で、そこまでいってくれる人はなかなかいないでしょう。「どうせ、あの人からはリアクションがないのだからほっとこう」ということになり、まともなアドバイスはしてもらえなくなるでしょう。

そもそも、何か聞かれたときに真剣にアドバイスすればするほど、その結果がどうなったか気になるのが人の常です。

アドバイスを受けたほうにしてみれば、問題が片づけば、一件落着といったところですが、アドバイスしたほうにしてみれば、未解決の状態がだらだらと続くことになります。

そのことに考えが及ばず、結果をまったく報告しないで放置するのは、相手の気持ちを無視した、非常に礼を失する行為といえるでしょう。

こういった**「人間関係の機微」**というものを理解してほしいのです。

誰かに何か相談をしてアドバイスを受けたときには必ず「結果」を報告する。うまくいったときはもちろん、うまくいかなかったときもです。

きちんと報告してはじめて決着するのだ、ということを忘れないようにしてもらいたいものです。

ちょっと先を見て動く

優柔不断は改める

何事につけ優柔不断な人には、残念ながら全幅の信頼を寄せることはできないと、私は思います。

何かを依頼しても、なかなか返事がなかったり、「考えておきます」とあいまいな返事しか返ってこなかったりすると、不安になり、イライラすることさえあります。

優柔不断な人は、慎重な人ともいえますが、厳しい見方をすれば、じつは自分の行動が相手に及ぼす影響について深く考えていない人なのだ思います。

仕事でもプライベートでも、「できるものはできる」「できないものはできない」と、できるだけ早くはっきりさせること。どうしてもすぐに結論が出せそうにないときには「いつ頃まで待ってほしい」と最初に伝えておくべきです。
それが相手に対する気遣いというものでしょう。

イエスであれ、ノーであれ、待ってほしいであれ、何事にもすばやく対応する人には礼儀正しさを感じます。それは、その人が相手のことまでしっかりと考えて行動しているとわかるからだと思います。

たとえば仕事関係の何か打診があった場合、依頼してきた相手の立場に立って「なるべく早く返事を返さないと依頼してきた人が困るだろう」とか「自分が返事をしなかったら大変なことになってしまうんだろうな」ということまで慮(おもんぱか)るべきです。

そうすればおのずと、はっきりとした返事を早めに出すことができるでしょうし、相手は礼儀正しい人と感じるでしょう。

迷ったとき、一人で考えていると時間だけが経過してしまいなかなか結論を出せないこともあります。そんなときには、しかるべき人に相談することをおすすめします。

リスクを考えたり、自信がなかったりするから迷うわけです。

誰かに相談すれば、背中を押す一言を発してくれるかもしれませんし、ときには、自分では考えつかなかったリスクを指摘されることがあるかもしれません。

いずれにしても、判断材料の一つになり得るわけで、一人で思い悩み、行ったり来たり堂々めぐりを繰り返すより効果的だと思います。

優柔不断な言動は、自分が思っている以上に人に迷惑をかけてしまう、礼儀を欠く行為です。そのことをしっかり認識して、ちょっと先を見て、行動し、気配りができれば、信頼度は断然アップすることでしょう。

TPOを
わきまえる

安易に言葉を崩すべからず

人によって、態度や言葉遣いが極端に変わる人がいますよね。

世の中には有形無形の上下関係が存在していますから、相手によって接し方を変える必要があるのは当然です。

でもそれも程度の問題。あまりにあからさまだと周囲を不快にさせてしまいます。それればかりではありません。結果的に「あの人はいつも損得勘定で人と接している」とか「ずるがしこい」などと見なされ、嫌われることになりますから十分に気をつける必要があるでしょう。

とはいうものの、どんな人とも同じように接すればいいというわけではありません。やはり、**その場に合わせ、相手の立場を考えた礼儀が必要**です。

一方、私が仕事場としているホテル・ブライダル業界ではどんなお客様にも等しく丁寧な対応が求められます。

結婚する人たちが二〇歳であれ、五〇代であれ、医者であれ、政治家であれ、芸能人であれ、会社員であれ、同じです。

また、フリーランスであれ、学生であれ、大企業の経営者であれ、自営業の人であれ、年齢や職業・職種に関係なく、すべて同じスタンスで、丁寧に接し、敬語を使うのは当たり前のことです。

ところが最近、結婚式場によっては、フランクな雰囲気を演出しようとしてなのか、お客様に対して、あえて親しい友人同士のような「タメ口」で接するスタッフが出てきたのです。

私はどうしても違和感を覚えてしまいます。聞いていて不快だし、無礼だなと思うのです。

フランクな雰囲気をつくるにも、やはり言葉遣いは基本的に敬語です。そのうえで、時折、親しみのある言い方をするのはいいでしょうが、使い分けはきちんとしなければいけないと思います。

人によって態度を変えるのは失礼ですが、一律にタメ口というのは、きわめて無礼です。**安易に言葉遣いを崩してはいけません。**

意思疎通をスムーズにするために、たとえば社内で敬語を禁止したほうがいいという人もいるようですが、それでも最低限度の礼儀は守らなければうまくいきません。相手に敬意を払っていれば、おのずと敬語を使うことになるでしょう。

言葉遣いはその人の姿勢を表す鏡です。礼を尽くすためにも、ビジネスシーンでは、基本的には、敬語を使うべきでしょう。人によってあからさまに態度や言動を変えるなどは、論外です。

たった一言、
二言の魔法

挨拶を極めると、すべてがうまくいく

私は常々、「挨拶を大切にしてほしい」と教え子や後輩たちに教えてきました。なんといっても、自分から率先して挨拶することで、相手に好印象を与えることができ、コミュニケーションをスムーズにする効果がてきめんだからです。

たとえば、結婚式の披露宴の席で、知らない人と相席になることがあります。そんなとき、ついつい挨拶をしそこなうと、その後ギクシャクして、なんだか居心地の悪い時間を過ごしてしまうことになりかねません。そういうときこそ先手必勝です。

この人ははじめての人だなと思ったら、「本日はおめでとうございます。私は○○

と申します」といえば、相手も必ず名乗ってくれます。「私は○○君と同じ会社なんですよ」とか「私は新婦のほうです。学生の頃の……」と会話がはじまるものです。「なかなかタイミングがつかめなくて……」という人もいますが、**挨拶のタイミングについて深く考える必要はありません。**

自分が先に席についていたときはじつに簡単です。誰でも席につこうとするときには、同じテーブルにどんな人がいるかとサッと視線を走らせるものですから、その視線をとらえて、「はじめまして」といえばいいでしょう。

一方、指定されたテーブルに先客がいたときは、自分が席につくときに、「失礼します」とか「本日はおめでとうございます」と口火を切ればいいのです。だいたい席につこうとすれば、「どんな人かな」と、その人に視線が集まるものですから、そのときが一番挨拶しやすいでしょう。

もし、相手の人が誰かと話していたら、いったん席についてから、会話が途切れるのを見計らって「失礼します。本日は……」と話しかければいいでしょう。

とにかく「最初の一言」を、できるだけ早く機会をとらえて発してしまうこと。そうすれば、一気にリラックスできますし、あとは相手の言葉を待つようにしてかまわないと思います。

挨拶が大切なのは、はじめて会う人に対してばかりではありません。よほど親しい人は別ですが、多少親しくなった人とひさしぶりに会うときなどは、最初はどこかぎこちなくて、なんとなく探り合う感じになることも少なくありません。

でも、空気なんて読む必要はありません。自分のほうから声をかけることによって、すぐに距離を縮めることができます。

イギリスの作家・サミュエル・スマイルズが、

「礼儀作法には金がかからない。しかも礼をつくすだけでなんでも手に入る」

といっていますが、まさにお金もかからなければ、時間もかからない、魔法のようなもの。

お礼とか感謝の言葉を述べるのには多少時間はかかりますし、事前に考えて準備しなければなりませんが、挨拶は、一言、「こんにちは」「おはようございます」「おつかれさまです」といえばいいだけです。

挨拶を欠かさないということは、相手に、「好意を持っていますよ」「敬意を払っていますよ」と伝える一番簡単な手段です。たった数文字で、時間もかからないのですから、ぜひ習慣にしてほしいものです。

ところで、**挨拶は初対面のときはもちろんですが、二度目以降に会ったときのほうがもっと気をつけなければならない**かもしれません。

もちろん、一対一で会うような場合は、当然のように挨拶するでしょう。でも複数の人がいる場合など、他の人と挨拶したり、何か大切な要件をやり取りしたりしている間に、ついつい挨拶するタイミングを逸してしまうことがあります。

そんなとき、「次に会ったときに挨拶すればいいや」と軽く考える人もいますが、じつは、相手に対してたいへん不快な思いをさせかねない場合があることを心に留めておくべきです。

仮に、まったく悪意はなかったとしても、相手は「なんだ、最初だけなんだ」とか「そうか、自分はあの人にとってそれほど価値のある存在ではないんだな」と思ったりします。

ですから、**仮に挨拶ができなかったような場合には、たとえば、多少離れたところからでもいいので、軽く会釈したり、なんとかチャンスをとらえてアイコンタクトを交わしたりしておく。**そして少々遅れても「先ほどは失礼しました」と、きちんと挨拶するようにするべきです。

もし、それができなかったら、その日のうちにメールででも「本日はご挨拶もできず失礼いたしました」とお詫びの思いを伝えるべきです。そうした心配りは、周囲の自分に対する評価を確実に上げてくれます。

ビジネスの要点

上手な「貸し借り」も礼儀の一つ

人と人とのつながりは貸し借りだけで成立しているわけではありませんが、その一方で、たとえば**ビジネスの現場では〝貸し借りの関係〟が確実に存在しています。**

多くの人が、仕事上で困ったときに、上司や先輩、あるいは他社の友人から助けてもらったことがあると思います。

そして「あのときに助けてもらったから、今度は助けてあげようか」などという思いで、借りを返したことがあるでしょう。

それを無視しては世の中がうまく回らなくなってしまうでしょうし、それが人情の機微であり、そうした**義理を果たすことが礼儀の一つ**といっていいのかもしれません。

その関係のなかで一番やってはいけないのは、自分が困ったときには、それこそ必死になって頼るくせに、いざ相手から何か頼まれたときに拒否したり、いい加減にあしらったりすることです。

もし、そんなことをすれば、窮地に陥っても二度と協力してもらえなくなってしまうでしょう。世の中、持ちつ持たれつです。もちろん、あくまでも道徳に反しない範囲内に限りますが。

しかし、最近の若者は、どうもそんな関係をつくるのが苦手なようです。

子どもの頃から成績重視で育ってきたせいか、マニュアルどおりに物事を判断しがちです。またそれに輪をかけて会社のほうも結果の数字しか求めない傾向が強くなっていますから、多くの人と〝人間臭い関係〟を築くチャンスをなくしてしまっています。

その結果、「そんな関係はめんどくさいし、わずらわしいだけ」と最初から避けるようになっているのです。第一印象で相手を決めつけ、それ以上、相手のことをよく知ろうとしないし、そもそも近寄ろうともしないのです。警戒心がやたら強いといってもいいでしょう。

それでは自分の世界は広がりません。

限られた関係のなかから学べることは限定されます。

一歩踏み込み、いろいろな人との関係を深めることで、はじめて知らなかった世界を知ることができますし、自分の世界を広げることもできます。わからないことがあれば、助けを求めればいいのです。

そのかわり、**何か自分が協力できることがあれば、そのときは喜んで協力する。**それが社会の礼儀というものです。それを続けていけば、厚意を寄せられる人間になれるし、自分の厚意をまわりが喜んで受け入れてくれるようにもなるでしょう。

できる人の
仕事哲学

「仕事は手を抜くほうがずっと疲れる」

「一日中礼儀正しく朗（ほが）らかな気持ちで仕事をすれば、一日中腹を立てて仕事をしたときよりも、夜寝るときの疲労がずっと少ない。疲れるのは仕事のせいではない、心の持ちようが悪いのである」

そう教えているのは、米国の起業家であり、世界的大ベストセラー『人を動かす』の著者であるデール・カーネギーですが、言葉を換えれば、どんな仕事でも丁寧に、心をこめてやることの大切さを教えているのだと思います。

よく、「会社にやらされている仕事はつまらない」とグチる人がいます。そして、自分はこんなつまらない仕事をするためにこの会社に入ったわけではない」と言葉を続けます。

でも、そんなことを考えている人にはやりがいのある仕事なんて回ってこないし、おそらく成功することもないでしょう。

「この世に雑用なんてない。雑にやった仕事が雑用になる」という言葉がありますが、どんな仕事でも丁寧に心をこめてするべきです。たとえ小さな仕事でも、それが大きな仕事に結びつくことだってあるのです。好きな仕事や実績を追い求めるだけではなく、まわり道も大切です。

小さなことにも手を抜かないで一生懸命やっていく姿を見せてこそ、周囲の人は信頼してくれるのです。「礼儀正しさ」にも、それはつながることだと思います。

人気タレントの木村拓哉さんが、**「仕事は手を抜くほうがずっと疲れる」**ということをいっていたのを耳にしたことがありますが、まさにカーネギーのいうように「疲れるのは仕事のせいではない、心の持ちようが悪いからである」ということだと思います。

政治家の野田聖子さんは、じつは政治家になる前に帝国ホテルに入社して働いていました。

その野田聖子さんは、それこそ、客室のトイレ掃除からコツコツはじめ、やっとフロントに立たせてもらえるようになったと自らの体験を話しています。

小さなことから一歩ずつというのは、仕事を覚え、ステップアップするには欠かせない作業です。

何かというと、すぐに近道を探して、ショートカットで行こうとする人もいますが、段階を踏みながら、挫折を知ったり失敗をしたりを積み重ねてこそ、強くなれるし、成長することもできるのです。

あんまり合理的に考えすぎないことが大切です。何事も実績がなかったらできません。「なんでこんな仕事をしなきゃいけないんだ」などとうじうじ思い、腹を立てているうちに、大事な時間はどんどん失われてしまいます。

カーネギーに学ぶ

人との距離を縮める「六つの心得」

相手の名前を意識して呼ぶことは、間違いなく人との距離を縮めることにつながります。

私は、たとえば、学校で学生たちに教えているときなどには、「みなさん」と語りかけるより、「○○さん」と名前を呼んで語りかけるようにしていました。そのほうが、こちらに意識をきちんと向けてもらえるからです。

あるいは私自身、司会者としてお客様と向かい合ったときなど「司会者さん」と呼ばれるよりも、「鹿島さん」と呼んでもらったほうが、「ちゃんと信頼されているな」と感じます。そうした例は誰もが体験したことがあるはずです。

このことについて、前に挙げたデール・カーネギーは、次の六つの心得を守れば、礼儀正しさの習慣を身につけることができるとしています。

①相手の話には熱心に耳を傾ける。
②相手の話に口をはさまない。
③初対面の人の名前はすぐ覚えて、できるだけ使う。
④もし相手の言い分が間違っていても、そっけなくやりこめるのはよくない。
⑤自分のほうが偉いといった態度を見せない。
⑥自分の考えが間違っていれば、素直にあやまる。

私も、まさにそのとおりだと思います。特に、この六つの心得のなかでも、③の「初対面の人の名前はすぐ覚えて、できるだけ使う」が、相手との距離を縮めるために最初にできる容易な手段だと考えています。

名前で呼ばれると、たいていの人は相手が自分に関心を寄せていると本能的に感じて、より敏感に反応します。

名前を呼ばれることで、次に続く言葉が不特定多数の人に向けられたものではなく、ほかならぬ自分に向けられたものだとはっきり認識するからです。そして、相手の言葉にしっかり耳を傾けようとします。それが人との距離を縮める第一歩です。


カーネギーは、そうして相手との距離を縮めることを前提にしたうえで、「①相手の話には熱心に耳を傾ける」「②相手の話に口をはさまない」など六つの心得を挙げているのです。

まずは、相手の名前を意識して呼んで、距離を一歩縮めましょう。そのうえで、カーネギーがいうように、相手の話には熱心に耳を傾け、相手の話に口をはさまないようにします。それは、相手との距離をより縮めるためのテクニックです。言葉を換えれば、「人の話をきちんと聞く」ということです。

さらに「④もし相手の言い分が間違っていても、そっけなくやりこめるのはよくない」「⑤自分のほうが偉いといった態度を見せない」「⑥自分の考えが間違っていれば、素直にあやまる」と続く心得は、「人の話をきちんと聞く」ための補完的なテクニックといえるでしょう。せっかく縮まった相手との距離を遠ざけるようなことは避けましょうというわけです。

このカーネギーの心得を多くの人が参考にしているのは、それだけ多くの人が人との距離を縮めるのに腐心しているということの証しですし、逆にいえば、人の話をきちんと聞けていない人が多いからにほかなりません。

よく長年一緒に過ごしてきた夫婦や仲のいい恋人同士でも、「聞いてる、聞いてない」で、ケンカになることがあります。

無視しているわけではなく、なんとなく聞いていても、「うんうん」と生返事をするばかりで、じつは聞いていることが頭に入ってきていない。その結果、「どうせまた聞いていないんでしょ」となる……。人の話をしっかり聞くには、それだけ相手を意識し、集中しなければならず、エネルギーが必要だということです。

また、人間は自分のいったことははっきり覚えていますが、人からいわれたことは忘れがちです。人が一生懸命しゃべるときは、相手にわかってほしいという気持ちが強く働いていますから、その内容も鮮明に覚えていますが、聞くほうは関心のないことに対しては、つい聞き逃してしまいます。両者の間には必ずギャップがあるのです。

このことを認識しておかないと、「あ、この人は自分のことを嫌っている」とか「バカにしている」と誤解されることにもなりかねません。

それを防ぐためにも、まずは相手の名前を覚え、意識して呼びかけるようにしなければなりません。

そうすることで、相手は自分のことをどう思っているかを判断しますし、こちらも相手の名前を口にすることで、「さあ、これから話すことはあなたに対してなんですよ」ということをはっきり意識し、しっかり相手に向き合うためのスイッチを入れることができるのです。

松下幸之助の
経営哲学

社長が社員に礼を尽くす会社は必ず伸びる

会社経営者にもいろいろなタイプの人がいます。自分がトップに立って、みんなをぐいぐい引っ張っていくタイプの人もいれば、部下との意思疎通を図り、まわりを上手に使って業績を伸ばしていく人もいます。

そんななか、松下電器の創業者で、経営の神様といわれた松下幸之助は、次のような言葉を残しています。

「経営者は、社員に経営の成果を知らせる責任がある。社員の働きがあればこその成果である以上、それが社員に対する礼儀というものだ」

この言葉には、松下幸之助の、社員に礼儀をもって寄り添おうとする姿勢が明確に示されていると思います。

その礼儀の一つが、社員に経営の成果を知らせるということであり、言葉を換えれば、**細かに連絡を取り合い、情報を共有することが大切**だということでしょう。

そして松下幸之助の言葉が着実に実践されたからこそ、松下電器では経営者と社員、上司と部下、そして同僚同士の情報共有が実現され、いまのパナソニックにつながる歴史が創り上げられたのだと思います。

最近では、星野リゾート社長の星野佳路(よしはる)さん。倒産確率を社員に発表していることが話題になりました。社員がチームとなって自律的に動くことで高い実績を上げている星野リゾート。星野社長は、コロナ禍において、経営の内容を社員に正確に伝え、社員一人ひとりが経営の動きを知ることが会社を強くするという考えから取った方針だと語っています。

しかし、企業によっては、こうした情報共有がうまくできなくて、伸び悩んでいるところが少なくないようです。下に対してはやたらと報告を求めるのに対し、上から下へは情報が下りてこないというケースをよく耳にします。

特に絶対的なカリスマ経営者が上に立つ新興の企業にその傾向が強いようで、上から下にちゃんと連絡がいかず、一方通行になっているといいます。

でもそれでは、社員は状況がわからないまま働かされているようなもので、たいへん失礼な話です。社員はやりがいも感じないし、そもそもやる気を維持することも難しいでしょう。

また、どんなに能力のある経営者でも、自分一人ではすぐに限界に至ります。多くの新興企業が新たなビジネススタイルでもって次々と登場してきますが、一時的には注目されるものの、そのなかで存続し続けるのはごく一部にすぎません。多くはいつの間にか消滅していきますし、他企業に吸収合併されるケースがほとんどです。

誕生した企業が成長を続けるためには常に変革していくことが必要です。そしてそのためには社内での情報共有が大切だということでしょう。

そもそも、こまめに連絡する人を評価しない人はいません。きちんと連絡できる人はまわりの人に安心感を与えますし、多くの情報を共有する立場を与えられます。その結果、より重要な役割を任せられるようになるのです。

ただし、いうまでもありませんが、**連絡を取り合ったり、情報を上げたりするとき、正しい情報を上げることが大切**です。

人は往々にして、自分にとって都合のいい情報は声高に伝えますが、都合が悪い情報はついつい隠そうとしてしまうものです。そんなことを繰り返していると、その人の情報に対する評価はどんどん下がってしまうばかりですし、その人自身に対する信頼も地に落ちてしまいます。

まして部下を持つ人は、部下の功績を正当に評価して、それをきちんと報告するべきです。部下の手柄を横取りするなんてことがあってはなりません。

そういう意味では、経営者が一番、連絡の大切さ、情報共有の必要性を自覚する必要があるのかもしれません。

人を動かせる人、動かせない人

礼儀正しい人の「段取り力」

段取りが上手な人は「時間を大切にしたい」という気持ちを強く持っている人です。

同じ成果を上げるのに、わざわざよけいに時間をかけたがる人なんていないでしょう。それより上手に段取りをつけてスムーズに終わらせたほうがスマートですし、自分の時間をより多く確保できることにつながります。

一人でやらなければならない仕事の場合、段取りをつけるのは比較的簡単です。自分の力量もわかっていますし、どうすれば最も早く作業を進められるかも経験値でわかっています。

また、自分ががんばれば、がんばるだけ早く作業を終わらすこともできるのですから、いわば自己完結できる世界です。

しかし、チームで仕事をするときはそうはいきません。自分のことばかり考えていては、うまく段取りをつけることはできないでしょう。何よりチーム全員のことを考える力が求められます。

そもそもチームを組んだ場合、それぞれの持つ経験値や能力値はさまざまです。ですから、まずそうした諸条件を把握したうえで、早めに予定を立て、「自分はいついつがOKだけど、あなたはどう?」と、各人と擦り合わせていかなければなりません。

そのとき必要になるのが、自分のことだけではなく、相手のこともしっかり考えられる力＝**「調整力」**です。

この調整力とは、けっして相手に押しつけるような強制力を意味するものではありません。

必要なのは「礼儀」です。みんなの要望をきちんと汲み取りつつ、うまく調整して、作業全体がスムーズに進められるように道筋を通し、段取りをつけることが求められます。これはかなり難しい仕事です。

でもだからこそ、段取り上手で実績を上げた人は、自然にまわりの人から頼りにされるようになります。

そして、そんな人がつくった段取りなら、自分の都合は多少融通してでも従っていこうと思ってもらえるようになるのです。

繰り返しになりますが、**段取り上手の根底にあるのは、自分のことだけを考えず、まずみんなのことを公平に考えるという「礼儀正しさ」**です。

それがあるからこそ、みんなの協力も得られ、いつもスムーズに仕事が進められるようになるのです。

「筋を通す人」は評価される

「根回し」も、大事な礼儀の一つ

前項で述べた**「段取りの上手」な人は、じつは「根回し」のうまい人でもあります。**

根回しというと、すぐに「面倒くさそう」という人や、裏工作的なイメージを思い浮かべて眉をひそめる人がいます。根回しにはたしかにそういうネガティブなイメージもありますので、ここでは、「筋を通す」と言い換えましょう。

仕事では常にきちんと「筋を通す」。そうすることで、よりストレスなく仕事を進められるし、成功の可能性が高まります。

どんな仕事であっても他人がからんでくるものです。そのとき、相手が自分に対してどんな感情を抱くかで、その後の状況が変わってきます。

たとえば、ある仕事を誰にも内緒で進めたとします。そのとき、上司や同僚がいい感情を抱くでしょうか。

おそらく、マイナスの印象しか抱きません。自分たちの存在が軽く見られたとか、おろそかにされたと感じてしまうからです。

たとえばあなただって、何かの会議に出たとき、他のみんなはすでに知っていて、自分だけ知らされていなかった案件が全員一致で決まったりしたら、「え、私だけ除け者なの！」と強い疎外感を覚えるでしょう。それと同じことです。

筋を通さずに仕事を進めた人に対するマイナスのイメージは、すぐに不信感へと変わります。

そして、その人についつい非協力的な姿勢を取ったり、ときにはたいした理由もなく反対意見を出したりするようになり、その後は、その人を会議に呼ばないとか、必要な情報を共有することさえ拒否する、といった行動に出る可能性がないとはいえません。

だから、最初に〝筋〟を通しておかなければなりません。

まずは自分に近い上司や同僚に話してアドバイスをもらいましょう。**報告や相談をするかたちで足元の地固めをして、自分に協力してくれる体制をつくってから事を先に進めるのです。**そうしておけば、さらに上のレベルでの決裁がラクになります。

『イノベーションは日々の仕事のなかに』（英治出版）という著書を持つパディ・ミラー（IESEビジネススクール教授）は、「イノベーションには社内政治が不可欠である」と述べています。

社内政治というと、なんだか難しそうですが、早い話、**「きちんと筋を通すのが組織のオキテであり、それが礼儀なのだ」**ととらえておけばいいでしょう。

いい話が舞い降りてきたとき、自分を認めさせるビッグチャンスだとばかりに独断専行に走ると、足元をすくわれかねないのでくれぐれもご用心を。

できる営業マンの共通点

結果を出す人は「アフターフォロー」が違う

仕事をしていくうえで、「アフターフォロー」は大事です。

特に営業関係の人にとって、仕事の一部といってもいいほどです。たとえば、自社の商品を購入してもらった場合、定期的にコンタクトを取って動作状況を確認することは当然ですが、バージョンアップしたり、新製品が出たりした際に、引き続き自社製品を購入してもらうためにも、良好な関係を築いておく必要があります。

新規顧客を獲得するには既存客の五倍のコストがかかるともいわれますが、丁寧なアフターフォローを続けることは、会社のイメージアップにつながりますから、多くの会社はアフターフォローを大切にしています。

しかし最近、営業マンが得意先に直接足を運ぶ機会が減少して、戸惑っているという話も耳にします。

たとえばリース料などは、かつては営業マンが月一回足を運んで集金していました。そんな機会を生かして、世間話をしながら顧客の要望を吸い上げ、次の商機につなげていたのです。

ところが効率化が求められ、集金から銀行で自動引き落としにする動きが加速して、顧客のもとに足を運ぶ機会がどんどん減少していったそうです。

まして、新型コロナウイルスの流行で、その傾向はさらに顕著になっています。そのため、現場の営業マンたちは顧客とのコミュニケーションが取りにくくなって困っているというのです。

しかしそんななかでも、〝できる営業マン〟はメールなどを活用して、関係を持続する努力を続けているようです。

どんな場合でもそうですが、契約が取れたからとか、仕事が終わったからといって、そこで関係をスパッと切ってしまうのはあまりにもドライすぎるような気がします。

また、**「縁の下の力持ち的な仕事をしてくれた人にお礼とかねぎらいの言葉をかける」**というのは、すごく大事なことではないかと思います。

お世話になった方々や下仕事をしてくれた人たちへのアフターフォローはついつい忘れがちですが、感謝を忘れてはいけないと思います。

こんな時代だからこそ、感謝の気持ちをこめたメールを送るのも礼儀にかなった方法です。

あるいは、こんな時代だからこそ、手書きの手紙を送るのも一つの手です。**効率化された時代だからこそ、アナログ的気配りは相手の心に響くのです。**

礼儀正しい人の「話し方」

常に「ゆっくり、丁寧に、簡潔に」話す

どんなときでも、聞く人の立場に立って、相手に理解してもらえるように話すことはとても大切なことだし、人としての礼儀だと思います。

そもそも話すということは、自分の考えや思いを相手に伝えるための手段であり、そのためには相手がわかる言葉で話さなければ意味がありません。自分が話したいことだけを一方的に話すのは、相手の大切な時間を奪うだけの無礼な行為だといってもいいほどです。

そういう意味では、**「自分勝手に話さない。聞く相手に対してゆっくり、丁寧に話す」**ということが、話す際にまず求められる基本です。

そのうえで、**「簡潔に話す」**ことも大切です。

社会に出てよくいわれるのが、「結論から先にいえ」ということです。とにかくダラダラと話さないことです。ダラダラと話すことによって、それこそ相手の貴重な時間を奪ってしまいます。

ここでいうダラダラとは、しゃべるスピードのことではありません。あれもこれもいいたい一心で早口で話す人がいますが、それでは聞いている人がついていけません。あくまでも目安ですが、**人前で話すときには「一分間あたり三〇〇文字以下」がいい**とされています。

もし、話の内容が難しいようであれば、さらに情報量を減らして、一分間あたり二三〇〜二六〇字ぐらいにしたほうがいいでしょう。相手が頭のなかで整理し、理解するための時間をつくってあげるのが礼儀だというわけです。

また、たくさん説明すれば話がわかりやすくなるわけではありません。逆に要点がぼやけて、「結局、何がいいたいの？」ということになってしまいます。

それを避けるためには、話が飛ばないように要点を整理して話すことです。まして業界用語や専門用語を羅列するのは最悪です。特に不特定多数の人を相手にする場合は、絶対に避けるべきです。一つでもわからない言葉が出てくると、そこで聞いている人の思考は止まってしまい、その後の話についていけなくなってしまいます。

ですから、できれば事前に原稿をつくっておきたいものです。それも何度か推敲し、実際に声に出して練習したうえで、みなさんの前に立って話しましょう。

そうすることで、わかりやすく丁寧に話すことができるはず。それが自分の話を聞いてくれる人に対する誠実さであり、礼儀正しさです。

礼儀正しい人の「聞く力」

人の話、ちゃんと聞いていますか？

礼儀正しい話し方について前項で述べましたが、**礼儀正しくあろうとするなら、「聞く力」も大切**です。しかも、「聞く」のは「話す」より難しいかもしれません。相手がいいたいことは、音声として耳に入ってくる相手の言葉を拾っているだけではつかめないからです。

人の話を聞いて、本当にいいたいことは何かを理解するには、**「相手の話を受け止める力」**と**「話の核心を正確につかみ取る力」**が必要ですが、いずれにせよ、まず集中して聞くことからはじめなければなりません。**ダラダラと話してはいけないと書きましたが、ダラダラと聞いてもいけないのです。**

人は会話をしていると、相手の話を聞くことをなおざりにしてしまいがちです。「次に自分が何をいおうか」ということにどうしても意識が向いてしまうのです。

しかし、それでは相手のいっていることを正確につかむことはできません。相手の言葉を一言一句、逃さないように聞く姿勢を保つことが必要です。ダラダラ聞いてはいけないとは、そういう意味です。

また、人と人との会話において、交わされる言葉を額面どおりに受け取っていては、相手の真意はつかめません。

人は会話のなかで否定的なことをいっていても、本当は肯定したくて、あえて否定的な言い方をしている場合があります。逆に、「そうですね」と肯定の言葉を発しながら、じつは遠回しに相手の考えを否定していることだってあります。そうした言葉を聞き逃すと、相手の真意を受け取りそこねることになってしまいます。

だからこそ、相手の真意をつかむには集中して相手の言葉を聞かなければなりません。

そしてそのために必要となるのが、「相手の話を受け止める力」と「話の核心を正確につかみ取る力」というわけですが、その根本にあるのは、やはり相手に対する敬意であり、礼儀正しく向き合おうとする姿勢です。

年下だからとか、専門的な知識を持っていないから、などという理由で、相手をバカにしたり、低く見たりするような人に、「聞く力」などあろうはずがありません。

いつでも、誰が相手でも、真剣に話を聞こうとする人こそ、礼儀正しい人だといえるし、多くの人から頼られる存在になるのです。

お金のマナー

「小銭の貸し借り」に人格が表れる

「金の切れ目は、縁の切れ目になる」といいます。「人生、お金だけじゃない」ともいいますが、お金にだらしない人は信頼されませんし、礼儀正しい人とはいえません。万が一、借りたときには必ず返すのが最低限のマナーです。

お金は現代社会で生きていくためには、どうしても必要なものです。それだけに多くの人はお金の貸し借りにはシビアです。金銭関係で信頼をなくすと、たちまちすべての信頼をなくしてしまうことになりかねません。

たとえば、一〇〇円の貸し借りでも人格を見られます。というか、**少額の貸し借り**

のほうがはっきりと人格が出やすいのです。

一〇〇〇円以上のお金を借りたら、さすがに忘れることはないでしょう。

でも一〇〇円ならどうでしょうか。ちょっと小銭が手元にないから貸してください、という人に一〇〇円貸したとします。ある人は、ほどなく「お借りして、すみません！」という言葉とともに一〇〇円を返してくれました。

一方、ある人は一〇〇円借りたことなどすっかり忘れてしまったようでいっこうに返してくれません。おそらく悪意はなく、一〇〇円という少額だったから本当に忘れてしまっていたのかもしれません。貸したほうも「一〇〇円ぐらいならいいや」と思うかもしれません。

でもそこで、相手に対して「この人、お金にだらしがない人なのかしら？」と感じて、わずかとはいえ信頼感が薄らいでしまうでしょう。

金銭感覚というのは人それぞれです。一〇〇円なんてたいした額じゃないと思っている人もいるでしょう。そのためすぐに忘れてしまうのです。

でも、貸したほうははっきりと覚えていますし、そうそう簡単に忘れることはありません。

だからもし何かあって仮に少額のお金を借りたときには忘れないうちに返すべきです。**できれば即。少なくとも翌日までには。**それが礼儀というものです。

こうした問題は、じつは相手が身近な存在であればあるほど生じやすいものといえるでしょう。

私は、頼まれれば一〇〇〇円ぐらいまでなら迷わず貸しますが、そのときには、もう返ってこないものと思うようにしています。そうすれば、相手に対してイライラをつのらせることもありませんから。

この「賢さ」

——人が無礼になりがちなときを知っておく

「無礼な人」への対処法

「無礼」に「怒り」で応えたら負け

残念なことに、世の中には無礼な人があちこちに存在しています。

会社はもちろん、交友関係のなかにも、あるいは地域のコミュニティのなかにもいるでしょう。

そういう人は、人のことを無視したり、バカにしたような態度を取ったり、ひどいときには仲間外れにしようとしたりします。

でも、それにいちいち腹を立てていてはいけません。そんな人と出会ったとき、怒りを爆発させるようなことは絶対に避けるべき。同じ土俵に上がってしまったら、ストレスが増大するばかりですし、いい争ったりしたら、自分も同類と見られかねません。

そこでどう対処すればいいかも大きな問題となります。

無礼なふるまいの人に出会ったとき、いろいろといいたいことはあっても、まずは静観です。怒りに怒りで応えたら火に油を注ぐようなもの。事態は悪い方向に進むばかりです。

無礼な人に対しては、どんなことをいわれても「聞き流す」こと。そんな冷静な行動を必ず見ている人がいます。客観的な立場で見ていると、どちらに非があるかは一目瞭然です。

相手に意見を求められたり、反論したりする必要があると感じたら、冷静に主張すること。あくまでも冷静に。どんなに腹を立てても感情的になるのは禁物です。

人を見下すことで優越感を得ている人や、こちらの意見など聞き入れず、自分の言い分は正しいと信じ切っている人と遭遇したら、「君子危うきに近寄らず」で、なるべく距離をおいて深く関わらないようにするといいでしょう。

「相手が気を悪くしたらどうしよう」と悩む必要はありません。平気で無礼なことをする人は、自分の言動によって相手が不快に思っていたり、悲しい気分になっていたりするということに考えが至らない一方で、まわりの人の言動には無頓着であまり意識もしていないものです。そのため、距離をおかれていることにも気づかないのです。

いずれにしても、無礼な人に遭遇したとき、怒りを爆発させて同じ土俵に上がるのが一番損な選択です。

自分の感情をコントロールし、礼儀正しく対応し、無礼な人より一段も二段も三段も高いステージに立つ。それを目指しましょう。

『逃げるは恥だが役に立つ』

「一歩引く」という賢さを

礼儀正しさを身につけることで、仕事においても人生においても、あらゆることの質が上がっていき、好転していくきっかけをつかむことができると思います。

礼儀正しい人になれば、自分も生きやすくなるし、集まってくる人間も変わるし、やりがいのある仕事が入ってくる可能性も高まります。また、心も豊かになるし、まわりに無礼な人がいないだけでストレスもたまらなくなるでしょう。

でも、そこまで到達するのはそう簡単なことではないかもしれません。また、いまいる会社で礼儀正しく生きようとしても、なかなか思うようにならない場合だってあるでしょう。

そこで必要になるのが**「一歩引くという賢さ」**です。

たとえば、パワハラ全開の上司がいる場合、正面からぶつかってもすでにでき上がっている権力構造を突き崩すのはなかなか難しいでしょう。それなら、距離をおけばいいのです。

往々にして、そういう上司はまったく自覚せぬまま、相手が傷つく言葉を平気で口にしています。それをいちいち気にしていても問題は解決しません。ならば、柳に風とばかりに聞き流してしまいましょう。

別にパワハラ全開の上司とまともにつきあわなくても、人生が終わるわけではありません。ちょっと身をかわして、同僚や部下と礼儀正しく接することで、自分の居場所を確保すればいいだけの話です。

「良貨は悪貨を駆逐する」といいますが、いずれはそんな上司も異動するかもしれないし、定年を迎えていなくなるかもしれません。

「無礼な人と正面から戦うなんて、自分の時間と能力のムダ遣いだ」と割り切ってしまうのが一番です。まわりのみんなも絶対に理解してくれるはずですよ。

ただし、世の中には正真正銘のセクハラ、パワハラ、モラハラが蔓延している会社も存在します。

そこで孤軍奮闘しても時間と労力を浪費するばかりです。

あなたがもしそんな会社にいるようなら、すぐに見切りをつけて次の会社を探しましょう。そんな会社からは、逃げて当然ですし、礼儀正しささえ身につけていれば、新しい会社ですぐに力を発揮できるはずです。

そういえば、以前、『逃げるは恥だが役に立つ』（ＴＢＳ系）というドラマが話題になりましたが、この言葉は、ハンガリーのことわざで、「自分の戦う場所を選べ」という意味があるそうです。

「いま自分がいる場所にしがみつく必要はない。自分を生かせる場所へ逃げることのほうが大切なときもある」という意味のようです。

こんなふうに考えたら、なんだかラクになりますね。


まずは自分が礼儀正しい人を目指すこと。

そして次に、礼儀正しい人のなかに身をおく努力をすること。

そうすれば、間違いなく、仕事の質も人間関係の質も、そして人生の質も高めることができるでしょう。

ショーペンハウアーの教え

「敵をつくるのは、わが家に放火するようなもの」

紀元前の共和政ローマ時代末期の政治家であり、哲学者だったキケロは、**「礼儀正しい、けっして腹を立てない人物は、まさに大人物と呼ぶにふさわしい」**と断言しています。まさにそのとおりです。

世の中には、とんでもない言いがかりをつけてくる人がいるものです。職場でもプライベートな場面でも、素敵な人ばかりとつきあっていられれば、平穏に過ごせるでしょうが、現実はそんなに甘くありません。

どんなところにも、無礼な人がひそんでいて、自分のイライラを解消するために周囲に牙をむいてきます。

もし、それに乗ってしまったら、相手の思うつぼ……。無礼な人のウサ晴らしのかっこうの餌食（えじき）となり、強いストレスにさらされるばかりか、貴重な時間を奪われることにもなってしまいます。

前述したように、相手の怒りに対して怒りで返すのは、相手と同じ土俵に上がるのと同じことで、周囲の人からその無礼な人と同じに見られかねません。

また、不毛な戦いを続けること自体、貴重なエネルギーを浪費するばかりで、疲れて余裕がなくなるし、自分自身が礼儀正しさを失ってしまいます。

怒りに対して怒りで返すことにいいことなんて一つもありません。

だから、もし理由もなく言いがかりなどをつけられて「悔しい」と思ったとしても、それをそのまま相手にぶつけ返すのではなく、「アンガーマネジメント」で教えているように、**六秒間、我慢しましょう。**その六秒で衝動的に襲ってきた怒りを分析し、冷静さを取り戻せます。

そして、自分のなかで抱えていた怒りをプラスに変換して、さらに自分が高みを目指すためのエネルギーに昇華してしまいましょう。それができれば〝大人物〟への一歩を踏み出せます。

ドイツの哲学者、ショーペンハウアーも、礼儀正しくあることの大切さに言及しています。

「礼儀は賢いことであり、非礼は愚かなことだ。非礼を不必要に気ままに行なうことによって敵をつくることは、わが家に放火するようなものだ」

というのです。

私も、そのとおりだと思います。

非礼なふるまいは、必ず自分に返ってきます。また、非礼に非礼で対抗するということは、自分の品位を下げることにほかなりません。

もちろん、いつも戦いを避ければいいというわけではないでしょう。正当な怒りをもって、決然と戦いに挑まなければならないこともあると思います。なんでもかんでも我慢して、まわりにふりまわされていては自己実現なんてできませんし、もっと大きくいえば、社会正義を守ることもできないのですから。

でも、戦うべきか否かは十分に吟味しなければなりません。そのうえで、レベルの低い、非礼な相手との戦いは徹底して避けるようにしてほしいと思います。

それはべつに、相手に対して逃げ腰になるとか、へつらうとかいうことではありません。きっぱりと無視すればいいだけです。

周囲の人は本当によく見ているものです。冷静に対応すれば、「あの人は理不尽な言いがかりにも余裕を持って対処している。なんて礼儀正しい態度なんだ」と、高く評価してくれるでしょう。

それにしても、自分の周囲を注意深く見渡すと、沸点の低い、危険なにおいのする人は確実に存在していることに気がつきます。なんでもないことでイライラして、感情をむき出しにする人が……。

そんな人を、あらかじめ自分の心のなかでリストアップしておいてもいいのかもしれません。

そして、そんな人が何か難癖をつけてきたときには、そのリストを思い出して、「そうそう、あの人はもともとそんな傾向があったよね」「非礼を不必要に気ままに行なうことによって敵をつくることは、わが家に放火するようなものなのに……」と考えるようにしてはどうでしょう。

それだけでも、冷静に対処する余裕が生まれ、自分に生じかけていた怒りを、心のなかからスッと消すことができるはずです。

「ロジハラ」はなぜ起こる?

「議論」に求められる大人の礼儀

コロナ禍で話題になったのが「マスク警察」です。まわりに人がいないにもかかわらずマスクを外して歩いていたら、すれ違ったとたんにおじさんに怒鳴りつけられたとか、公園で子どもがマスクを外して遊んでいたら、おばさんに「なぜ、マスクをさせないの!」と詰め寄られたという人が続出しました。

あるいは、政府のガイドラインを遵守(じゅんしゅ)して営業していたにもかかわらず、「死ね」とか「人殺し」、あるいは「非国民」などと書いたビラを貼られたり、落書きをされたりしたという店もあったことがニュースで報じられました。

たしかに、多くの人がコロナ感染を恐れているなか、マスクをするのは社会的な礼儀だし、社会人としての義務でもあります。

しかし、それをどこまで相手に強要するかが問題です。相手に恐怖心を抱かせたり、相手の人格を傷つけたりするような発言が許されるはずがありませんし、営業を妨害するのも犯罪に近い行為です。

逆のケースもありました。マスクの着用を拒否して飛行機を緊急着陸させたり、電車を止めたりした例もありましたし、自分がコロナに感染していることを知りつつ、不特定多数の人のいる場所に出向いて他人に感染させた人もいました。そんな極端で悪質な例はもう論外で、厳しく罰せられてしかるべきでしょう。

私たちの社会において、**自分にとって正論だからといって、それを他人に強要することは、絶対に許されることではない**でしょう。ましてむやみに攻撃したり、相手に恐怖心を与えたりするような行為はけっして許されることではありません。厳しく断罪されてしかるべきだと思います。

そこまでいかなくても、やたらと自分の正義をふりかざす人は少なからず存在します。会社などでも、いざ議論となると、一方的に責め立てたり、相手をやりこめようとしたりする人が、必ずといっていいほど出てきます。それもけっこうな割合で。

そしてそんな人が決まって口にするのが、いわゆる〝正論〟です。

しかも、正論をふりかざす人に限って、声も大きいし、妥協することを知らず、強引ですからやっかいです。いわゆる「ロジハラ」で、寛容さの欠如の最たるものです。

そもそも人が議論するのは、目の前の問題を好転させたり、目的を達成したりするためです。

ところが議論がはじまったとたん、一方的に持論を押し通そうとする人が出てきます。思いこみによる正論をふりかざす人も少なくありません。

相手をやりこめようとするだけの意見は、一見、正論に思えるがじつは詭弁(きべん)にすぎないともいえるのではないでしょうか。

一つの物事について話し合うとき、いろいろな角度や視点から見ながら考えることが求められます。たとえ正論であっても、論理的には正しいことでも、状況によってそのとおりに事が運ばない場合はあるものです。世の中、正論だけで動いているわけではありません。

なんのための議論かを見失い、自分の主張を通すことだけが目的化してしまうのは残念なことです。議論になれば百花繚乱（ひゃっかりょうらん）、いろいろな意見が出てきて当然です。そのなかで解決あるいは結論に向けて、対等に意見をぶつけ合ったうえで、多くの意見を集約して一致点を見出していくべきではないでしょうか。

そのためには、**たとえ自分と違う意見であっても、よく聞いて理解したり、ときには妥協したりする**ことも必要です。

人間は感情の生き物ですから、そうした感情面も考え合わせながら、相手を説得したり、納得させるような言葉をかけたりしながら、議論を重ねていくのが社会人としての礼儀ではないでしょうか。

人間関係の法則

「縁」をとことん大事にする

私たち人間は、「縁」のなかで生きている――。そういってもいいでしょう。

さまざまな縁でいろいろな人と知り合い、そんな人を助けたり、自分が助けられたりして生きています。そして社会生活を送る以上、人との縁はいつまでも続くものです。

ところが、人は自分からせっかくの縁を切ってしまうことが少なくありません。連絡が来ても、忙しかったり、どうも苦手だと思っている人からだったりするとスルーしてしまいがちです。

そして返事を返さずにいるうちに、その人との縁が切れてしまい、忘れてしまうこともしばしばです。

しかし私は、「社会の一員として生きている以上、せっかく築いた縁は大事にしたほうが、絶対に自分のためになる」と思っています。

どんなときも、どんなところでも、人は一人では生きていけません。必ず、誰かの助けを受けて生きています。

そして、一瞬ちょっとイヤなことがあって離れていた人でも、また時間が経てば、やっぱりこの人が必要だったと思う時期が来るものです。だからこそ、**せっかくの縁を自分から断ち切るようなことはしないほうがいい**と思うのです。

たとえ、どんなに長い間ご無沙汰していても、失礼なことさえしていなければ、こちらから連絡して、切れたと思っていた縁を復活させることができるでしょう。

そのためにも、「もうあなたとは絶対に会わない！」などと、相手を突き放すようなことはけっして口にしてはいけません。

たとえば、気にさわることがあっても、「しばらく連絡をしないでおこう」と心のなかにしまっておけばいいのです。

瞬間的に「ああイヤな人だ」と思っても、一か月も経って心が落ち着いてきたら、「あ、でも意外といい人だったよね」「あのときは自分も悪かったな」などと冷静に考えられるようになることも少なくありません。

そういうかたちにしておいて、いつでも復活できるような状態にしておくのが賢い選択といえるでしょう。

ただし、損得勘定だけで、つきあい方を変えるようなことは、けっしてやってはいけません。**邪心はあっという間に見透かされます。**「そんな礼儀知らずの人とはつきあえない」と逆に縁を切られることになってしまうでしょう。

サガンの教え

「余裕」がない人に礼儀正しさなし

人と礼儀正しく接するには、時間的な余裕を持つことが不可欠です。フランスの女流作家、フランソワーズ・サガンは次のように語っています。

「礼儀正しさは時間の余裕の問題でもあります。『どうもありがとうございます』と言うのにもその時間が必要ですし、『恐れ入りますが、どこそこへ行く道を教えていただけますか』と言うにも時間がかかります。要するに他人に注意を払うためには時間をかけなければならないという単純なことです」

しかし、私たちにはそれが難しく、バタバタしていると、人はどうしても自分のことでいっぱいいっぱいになってしまい、周囲に対して配慮する余裕をなくしてしまいがちです。

たとえば目の前に、仕上げなければならない仕事が山積みになっていると、たいていの人はそれに気を取られて、ついつい周囲の人に礼儀正しく接することが二の次になってしまいます。それどころじゃなくなってしまうのです。

でも、本当に時間の問題だけでしょうか。

サガンは、「他人に注意を払うためには時間が必要だ」としていますが、その前にまず、「礼儀正しさは時間の余裕の問題だ」としています。

ここで「時間の問題だ」ではなく、「時間の余裕の問題だ」としているのは、人の気持ちの持ち方が大切だと指摘しているようにも読み取れます。

私の知り合いに、ことあるごとに「ありがとう」という言葉を口にする男性がいます。職場でちょっとした仕事を手伝ってもらったときはもちろん、コンビニやカフェでお金を払うときも、必ず「ありがとう」とお礼の一言をプラスします。

私が「○○さんは、よくありがとうといっていますね」というと、一〇年ほど前に友人から不愛想に見える」と注意されたのをきっかけに、「ありがとう」というように気をつけていたが、すぐに習慣になっていつの間にか無意識にたくさん口にするようになったとか。

「ありがとう」というのに必要な時間なんて瞬きする間ほどですが、それだけで礼儀正しさが伝わってきますし、どこかその人の心の余裕を感じます。

結局、礼儀正しくできるかどうかは時間の問題ではなく、その人が周囲の人に敬意を払っているか、そしてそれを表現する心の余裕を持っているかどうかにかかっている。私はそう思います。

感情コントロール力の高め方

自分が「無礼になりやすいとき」を知る

感情を露(あら)わにする人は、その場その場では目立ちますし、大きな影響力を持っているように見えますが、じつは周囲の人からは「失礼な人だ」と敬遠されていることが多く、結果的に排除されることも少なくありません。

特に感情にムラがある人はそのときそのときの気分でふるまうので、よけいにまわりの人をひどく疲れさせ、最後は厄介者扱いされることになってしまいます。

問題なのは、そうした人たちの多くが、自分が感情の虜(とりこ)になっていることを自覚しないまま、その感情にふりまわされているという点です。

本人は理路整然と話しているつもりで、いっていることの一部は正論めいて聞こえますが、結局のところ感情論に終始するため、誰の心にも響きません。
また、そうして繰り返されるエキセントリックな言動は、モラハラやパワハラにあたると見なされ、最終的には自分がいる場所すら失ってしまいます。

そんな失敗をして、**非礼・無礼な人間にならないためには、何かイライラしたとき、自分が何にストレスを感じているのか、ちゃんと振り返る習慣を身につけることが大切**です。

人は誰でも、目の前にやらなければならないことが山積みになっていたり、急に仕事が重なってきたりしたときには、パニック状態に近い気持ちに陥るものです。そして、手近な家族に当たったり、部下に当たったりしてしまいます。でもそんなことをしても何も解決できません。

それこそ「落ち着いて、落ち着いて！」と自分にいい聞かせ、優先順位をよく考えて、ストレスを一つずつ取り払っていくしかありません。

また、必要であれば、迷うことなく周囲に協力を要請すればいいのです。ただし、それには礼儀正しさが必要です。

ドイツの文豪、ゲーテは、

「世間が求めているのは、感情ではなく礼儀である」

という言葉を残しています。

ゲーテ自身は、「フランス人が礼儀と称するものは、優雅にまでやわらげられた高慢である」ともいっており、「高慢な礼儀」は慎むべきものだとしていましたが、その一方で、「人として生きていくうえで必要な礼儀はある」とおそらく考えていたのでしょう。

「感情コントロール力を」高め、礼儀正しい人を目指しましょう。

人を噂で決めつけない

初対面のときは、まっさらな気持ちで

いまを生きている私たちにとって、一つの情報だけで物事を判断せず、いろいろな角度からモノを見る習慣を身につけるということがとても大切になっていると思います。

私たちの日常は、本当にいろいろな情報にあふれています。その情報はけっして一律ではありません。

たとえば新聞を読んでいても、テレビの報道番組を見ていても、同じできごとでも取り上げ方にけっこう違いがあって、見方や主張に違いがあることに気づきます。

まして、インターネットの情報はまさに千差万別です。ときには、是非をめぐって、お互いが主張する〝正義〟がぶつかって激しい論争が起きることもあります。

どれが絶対に正しいかなんて、誰にも判断することができないことは多いものです。

そして、多くの情報のなかから何を取捨選択するかは自分自身の判断です。

情報はたくさん集めたほうがいいと思いますが、そのなかで何が本当なのか、真実に近いのか、あるいは本質はなんなのかを見極める力が求められています。


そもそも人間は物事を客観的に判断することが苦手です。自分の感性に近いものに賛同する傾向を持っています。

古代ローマの政治家・軍人のカエサルは「人間はみな自分の見たいものしか見ようとしない」という言葉を残していますが、それは二一世紀のいまを生きる私たちもまったく同じです。

何事であれ、物事を判断するとき、「自分が正しいと思うことが絶対だ」という気持ちが働き、強いバイアスがかかってしまいます。たとえば自分がどうも苦手だと思っている人の悪い噂を耳にすると、「やっぱりそうなんだ」と無条件に飛びついて、その人のことを「悪い人」と決めつけてしまいがちです。そう思うほうがラクだし、自分が納得できるからです。

でも、それはとても危険なことです。**噂や断片的な情報は人の目を曇らせ、間違った判断をさせる原因となります。**

噂を信じて相手を攻撃し、ひどく傷つけたり、きわめて無礼・非礼な態度を取ったりして問題を起こしたりしたら、どう責任を取るというのでしょうか。しまったと思ったときには手遅れで、周囲の人から激しい非難の目を向けられることになってしまいます。嘘や断片的な情報で人を判断していると、自分が損をすることになりかねません。

私自身、新郎新婦と披露宴の打ち合わせをする際、**できるだけまっさらな気持ちで会う**ことを心がけています。

担当者から、こんな人たちですと事前に聞いたり、会場によっては事前に両家の簡単なプロフィールが準備されたりしていることはありますが、事実関係はさておき、

相手がどんな人かについての情報はあくまでも参考程度に聞き、自分の目と耳で確かめることを基本としています。

それが礼儀だと思っていますし、実際に、たとえば、「新郎より新婦のほうが主導権を握っています」といわれても、じつは新郎のほうが主導権を握っていたというようなこともよくあるからです。

人の見方はさまざまですし、そのときどきの状況によって受ける印象も違いますから、それもしかたのないことです。長年司会をやってきた私は自分の感覚を信じ、新郎新婦との一時間ほどの打ち合わせがまさに勝負のとき。それこそ全身全霊をかけて臨んでいます。

人間はどうも〝刷り込み〟に弱い存在のようです。自分の周囲にいる人のなかのほんの一人、二人の人がいうことでも、ほかに情報がないとそれに飛びついて、「そうなんだ」と信じてしまいがちです。でも、そのために大きな落とし穴に落ちることもあるので注意が必要です。

前述したケースで、仮に「新婦のほうが主導権を握っています」という情報を信じ切って進めていたら、本番直前になって新郎側から「そんな話は聞いてない」とか「自分はＯＫを出してない」などとダメ出しをくらって、現場が大混乱に陥ってしまうことにもなりかねません。

そうした刷り込みによる失敗は、ビジネスの世界でもしばしば起きるのでは？　そんな失敗を犯さないためには、どんな情報があったとしてもしっかりと検証することを忘れず、日頃から自分の感性を鍛えておくことです。

そのうえで、相手に会うときにはまっさらな状態で臨み、最終的にはあやふやな情報ではなく、自分の感性、判断を信じるようにすべきです。

「自制心」を鍛える

旅の恥はかき捨て……てはいけない

それにしても人間は弱い存在です。「どうせ、私がやったとはわからないから」と思うと、なんでもしてしまいかねません。特にインターネット上では、匿名性がそれを助長しているのかもしれないと思ったりもします。

また、最近厳罰化されたあおり運転にしても、自分だけは特別だと思い、心のどこかで「どうせバレないだろう」などとタカをくっているから、これだけ大きな社会問題になっても、なかなかあとを絶たないのではないでしょうか。

そしてそういう人間は、知っている人の前ではいい顔をしていても、それこそ「旅の恥はかき捨て」ではありませんが、陰では道徳に反することを平気で繰り返します。「いけないことだよな」と思いながらも自制心が薄弱で、自分の行動を止められないのでしょう。

そんな人間にはなりたくないものです。

たとえば、社内では精いっぱい礼儀正しさを保とうとしますが、社外に出たとたんに傲慢になる。そんな人もいます。

上司の前ではペコペコしているのに、上司の目の届かないところでは、悪口をいいまくるような人が……。

そういうふうに豹変する人は危険人物です。「君子危うきに近寄らず」です。絶対に近づかないようにしたいものです。

そうしなければ、自分も知らず知らずのうちに〝ダークサイド〟に引きこまれかねません。前述したように、**「無礼さは伝染する」**のですから……。

どんなに表面だけとりつくろおうとしても、自分のダークな部分を隠し通すことなんてできません。最終的にはボロが出て、本性を暴かれてしまうでしょう。

猫をかぶるのはやめましょう。そして、自制心を鍛えることが大切です。

自制心を鍛えるといっても、そんなに難しいことではありません。何か行動するときに、**「いま自分は感情的になっていないか」「相手に失礼なことをしようとしていないか」「周囲の人に対して恥ずかしいことをしようとしていないか」と自分に問いかける**だけで十分です。

単純ですが、こういう自問を繰り返すことが大切なのです。そのちょっとした間に、自制心にスイッチが入り、とんでもない言動に走るのを避けることができるでしょう。

知っておきたい「守破離」の教え

「礼儀正しい人」を見て、学び、実践する

ここまで書いてきたことだけでも、礼儀正しくすることの大切さはわかっていただけたかと思いますが、いま、それを学ぶ機会が本当に少なくなっていると思います。たとえば名刺の渡し方ひとつでも、かつては上司や先輩に現場に連れていかれて実地で教えられたものです。上司や先輩も、その大切さを知っていましたから、かなり真剣に教えようとしていました。

でもいまは、研修で通り一遍のことを教えられるのがせいぜいですし、へたに厳しく教えようものなら、「モラハラ」だといわれてしまいます。新人のなかには「礼儀正しさと、仕事ができるかできないかなんて、まったく関係ないじゃないか」「いざ

となればユーチューブで見ることができるから、それを見ればいいや」と軽く考えている人もいると思います。

でもそうはいきません。実際にやってみると、ユーチューブどおりにいくことなんかほとんどなく、困ってしまうことも多いと思います。やはり、先輩や上司の姿を直接見て学ぶのが一番です。

人との接し方や取引先との会話など、本当の意味で礼儀正しい立ち居振る舞いは、実地で見て学び、実践してこそ、きちんと身につくのです。

礼儀正しさを身につけるのに、「守破離（しゅはり）」という発想も必要です。

守破離とは、もともと千利休の訓をまとめた『利休道歌』のなかにある、「規矩作法（きくさほう）　守り尽くして破るとも　離るるとても本（もと）を忘るな」という言葉からきたものです。

修業に際して、まずは師匠から教わった型を徹底的に守るところからはじまり、型を身につけた者は、よりよい型を求めて模索を重ねて既存の型を破ることができるようになる。

そこからさらに鍛錬・修業を重ねることで、師匠の型から離れて、新たな境地に達するというわけです。

日本には古くから**「礼節」**という言葉がありました。他人との関係を保つために必要とされる行動・作法のことです。階級制度が安定していて社会も大きく変わらなかった、たとえば江戸時代には、それさえ守っていればよかったのです。

しかし、明治、大正、昭和と時代が進むにつれて、社会の在り方も人々の価値観も変わってきました。

また、インターネットの登場以来、社会の変化は信じられないほどスピードアップして、求められる礼節もどんどん変わっています。

そこで求められるのが「守破離」の発想なのです。私たちはいま、どんどん変化する社会のなかで、他人との関係を保つための新たなノウハウを身につけなければならなくなっています。

とはいえ、基本的なことは変わりません。これまで何度もいっていますが、**礼儀正しさの根底にあるのは、人を尊重できるか、誠実さを持っているか**です。最後は必ずここに行きつくのです。

そして感謝を忘れないということです。その視点さえ、しっかり持っていれば、無礼なふるまいに出ることもないでしょう。

礼節の示し方や伝え方はいろいろあって、自分が年を重ねていくとまた変わるかもしれません。

若い人はお礼をいうのはＬＩＮＥでもいいと前述しましたが、だんだん年を重ねてくると、ちゃんとお手紙を書くとか、お会いするとか、そういうことの重要性がなんとなくわかってきて、考え方や行動が変わっていくでしょう。

それも「守破離」であり、人間的な成長だと思います。

この「自覚」が大事

誰にも必ず〝尊大なところ〟がある

いま、世界中でいかに多様性を受け入れるかが大きなテーマになっています。国籍や人種、あるいは性的マイノリティーの人々も含めて、みんなが手を携えて協力し合い、共存できる社会を目指そうとしているのです。

私もこれはとても大切なことだと思います。でも、それが意外と難しいことだとも感じています。

ちょっと、私自身の話をさせてもらいましょう。

小学校二年生のとき、友達から「オルガン、弾いてよ」といわれて、教室でオルガンを弾いていたときのことです。しばらく私が弾いていると、A子ちゃんが「B子ちゃんにも弾かせてあげて」といいました。

B子ちゃんは控えめで、おとなしい子で、A子ちゃんはいつもB子ちゃんを守っているような存在でした。そしてB子ちゃんはオルガンの前に座ると、『猫踏んじゃった』を弾きはじめました。

そのときです。私は、「なーんだ、『猫踏んじゃった』なのね」と思わずいってしまったのです。

心のなかで、「もっとすごい曲を弾いてくれると思って期待していたのに」という思いがあって、ついそういってしまったのだと思います。

そうしたら、A子ちゃんが、「それはないわ。B子ちゃんにちゃんと謝って」といったのです。まわりには「いいよ、いいよ、気にしないで」といってくれる子もいました。でもそのとき、私は自分の言動を恥じました。

「自分のなかにも人を軽く見るような尊大なところがあるんだ」と。

「すごく失礼なことをいってしまった……」

鮮明な記憶としていまも残っています。

いま、私は「B子ちゃんに謝って」といってくれたA子ちゃんには心から感謝しています。私のなかにある尊大さや横柄な部分に気づかせてくれたのですから。

どんな人でも、心のなかにそんな部分が眠っていると思います。無意識のうちに、人を傷つけるようなことを口にしたり、無礼な態度を取ったりすることもあると思います。

そんな危険な部分を誰もが秘めていることを常に意識して、自覚して、思慮深く行動することが大切なのではないでしょうか。

5章

この「魅力」

――笑顔、素直さ、責任感、清潔感……

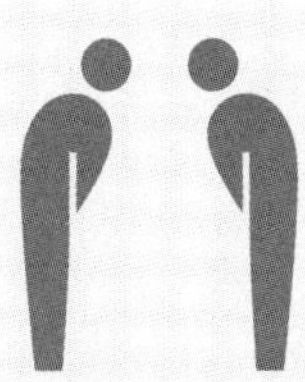

人は見た目で決まる

「清潔感」だけは、絶対に心がける

「人は見た目が九割」とかいいますが、当然、服装も大切です。

家のなかでどんな格好をしていてもかまわないでしょうが、外出するとき、見た人が不快に感じるような服装や化粧は避けたほうがいいでしょう。

そういうと、「見た目を気にするなんて、人間ができていない」という人もいるでしょう。

しかし、**社会人として、清潔で不快感を与えない服装をするのは礼儀**です。

「がんばっておしゃれをしなさい」というわけではありません。華美な服装や装飾品、あるいは奇抜な化粧は、むしろ相手に不快感を与えてしまいますからね。

ようするに、TPOに合わせ、バランスを取ることが必要です。

また、男性なら無精ひげのまま平気で人前に出るべきではないですし、女性なら、よほどのことがない限り、ノーメイクも避けたほうがいいでしょう。

身だしなみを整えるということは、相手に対する心配りであり、それが礼儀というものだからです。

この服装や身だしなみについては、職場によってTPOがあり、一概にいえませんが、**一つ、絶対に必要なことは「清潔感」**です。きちんと洗濯やクリーニングをした服を着ることだけは心がけたいものです。

たとえブランド品を着ていても、シワでくしゃくしゃになっていたり、食べ物のシミがついていたり、肩口にフケが落ちていたりすると、相手は不快感を覚えるでしょう。相手に対して失礼です。

そういう意味では、「人は見た目で決まる」というのは、ある程度核心をついた話です。

相手が不快に感じるような服装や化粧は避け、清潔感を保ち、人に嫌悪感を与えないように身なりを整えることが、礼儀正しさを磨いてくれます。

イギリス出身のケーリー・グラントは、アルフレッド・ヒッチコック監督の映画などに多数出演した二枚目の名男優として知られていますが、大スターとなっても倹約に努め、高級レストランではなく撮影所内の食堂で食事をし、撮影でホテルに滞在する際も、会社が用意した高級ホテルをキャンセルし、庶民が利用するようなホテルに移るのが常だったとか。

そんなケーリー・グラントは次のような言葉を残しています。

「礼儀正しさ、謙虚さ、自然ににじみ出る優しさなど、素敵だと思うその人の魅力を取り入れていこう」

彼は、一九七〇年にはアカデミー名誉賞を受賞。一九八六年に急逝してしまいましたが、長年親交のあった俳優のローレンス・オリヴィエは、「演出に頼らず、観客に

『この人のようになりたい！』と思わせることができる唯一の俳優だった」と称しました。

そんなケーリー・グラントですが、最初からみんなが「あんな人になりたい」と思うような、魅力のあふれた人物ではなかったそうです。

ケーリー・グラントが九歳のとき、精神的に不安定だった母親が失踪しています。その後、父親は再婚、一〇歳の彼を捨ててしまいます。幼少期の彼は、けっして幸せとはいえない幼少期を送ったのです。

そのため彼は「みんなから称賛と注目を浴びたい」と渇望するようになります。ときとして、そんな気持ちは人をゆがめ、誤った道に進んでしまうことも少なくありません。しかし、彼は違いました。

多くの人に謙虚さや優しさを学び、人々を惹きつける魅力をつくり上げていったというのです。彼の演技は、どこか秘密めいていながらスマートで、見る人を虜（とりこ）にするパワーを秘めていました。

彼は、隠れた努力で自分を魅力的な人間に変えていったのです。それだけに、「素敵だと思うその人の魅力を取り入れていこう」という言葉は、自分磨きのテクニックとして、本当に的を射たものだと思います。

自分が素敵だと思える言葉や所作は、ほかの人にも素敵だと思われやすいものだといえます。ですから、自分が素敵だと思った人の言葉や所作を見本にするのが一番の早道だというわけです。

とにかく誰でもいいから、自分が素敵になりたいと思えば、自分が素敵だと思う、憧れの人を手本にすればいいのです。

別にテレビに出ている人や、有名人である必要はありません。自分が「あんな人になりたいな」「あの人は礼儀正しいな」と思う人だったら、誰でもかまいません。世代によって、手本にしたいと思える対象者は違うと思いますが、誰の周囲にも、そんな人がいるはずです。

そんな人を何人か見つけ、意識して、手本にしていきましょう。

笑顔のすごい力

笑顔は七難を隠してくれる

ここで、イギリスの作家、サミュエル・スマイルズの言葉を紹介しましょう。

「不作法でがさつな態度は、人の心の扉にかんぬきをかけ心を閉ざさせてしまうが、親切でおだやかな態度、すなわち礼儀をわきまえた態度は、その扉を開く魔力を持っている」

これを聞いて、私はすぐにイソップ物語の「北風と太陽」を思い出しました。

あるとき、北風と太陽が力比べをすることになりました。「旅人の上着を脱がせたほうが勝ち」というルールです。

そこで北風は、ビューービューーと冷たい風を吹かせて旅人の上着を脱がせようとしますが、旅人が上着をしっかり押さえて、脱がせることに失敗します。
それに対し、太陽はさんさんと暖かい光で旅人を包みます。すると、旅人は自分から上着を脱ぎ、勝負は太陽の勝ちとなりました――。

この物語は誰もが知っていると思いますが、厳しい態度で人を動かそうとしても、かえって人は頑(かたく)なになるばかりだが、温かい言葉をかけたり、やさしい態度を示したりすることで自分から行動してくれるようになるというお話です。私たちは、いつでも心を健全に保ち、穏やかでいることが大切です。いつもしかめっ面、仏頂面をしている人には誰も近づきたくありません。ほんの少しイライラしたり、怒ったりしているだけでも、それはすぐにまわりに伝わります。

自分では気持ちを制御しているつもりでも、「あ、あの人怒っている」とか、「あ、あの人いつもとちょっと違う」とまわりは敏感に気づくものですし、本人が気づいていないようなちょっとした感情のゆれも察知されてしまいます。

それだけに、特に部下を持っている人は、自分の感情をコントロールする努力を忘れないようにしたいものです。

上司の機嫌は、その指揮下で働く人にとってすごく気になるものです。上司が朝から感情に支配されていると、部下も落ち着かず、職場がぎくしゃくしてしまいます。

より礼儀正しい人になるには、素敵な笑顔をつくる努力も必要かもしれません。多少つらいことがあっても、口角を上げてニコッとすると、ちょっとラクになるものです。そうすれば、礼儀正しく人と接する余裕も生じてきます。

古くから、ユーモアや笑いが人間に好ましい心理的影響をもたらすことは経験的に知られていましたが、近年では脳科学の分野でも、笑うことで脳の血流が促進されることや、笑いによって脳が活性化されると同時に、リラックス状態になることもわかってきました。

そればかりではなく、笑うことによって「集中力」「注意配分力」「知的柔軟性」「短期記憶力」も向上するそうです。

また、アメリカの心理学者、ウィリアム・ジェームズは、

「楽しいから笑うのではなく、笑うから楽しいのだ」

といっています。

つまり、意識して笑顔をつくれば、気分がプラスになり、まわりの人とのコミュニケーションを円滑化できるというわけです。

それに**「笑顔は七難を隠す」といいます。素敵な笑顔は人と接するときの最大の武器であり、礼儀でもある**のです。

そこで提案ですが、毎朝、歯磨きをしたあと、鏡に向かって笑顔をつくることを習慣にしてみませんか?

鏡に映った自分の顔を見ながら、口角をグッと上げることで、顔の筋肉のこわばりがほぐれ、表情が柔らかくなるのが自覚できるし、なんとなく楽しくなりませんか?

この最初の「なんとなく楽しい」という気分が大切です。

そこから一日をスタートさせれば、穏やかで楽しい一日を過ごすことができるでし

ょう。私も、一日のはじまりや本番の前には、笑顔をチェックしています。

結婚式本番前は、新郎・新婦も緊張しています。「無事に終わるかしら」と不安になったりするものです。

そんなとき、スタッフが緊張した顔をしているとますます緊張してしまいます。

だから笑顔が大切です。

私たちスタッフが満面の笑みで接すれば、新郎・新婦にリラックスしてもらえます。

そうすれば、本番がうまくいくのです。

八方美人は嫌われる

「好かれようとするとなぜか嫌われる」法則

自分自身が礼儀正しくあるためには、前述したような無礼な人のふるまいを反面教師にするといいでしょう。

無礼な言動がいかに恥ずかしいかを知るかっこうの教材です。「あんなことをいったりしたりすると失礼だ」と自分をいさめる材料がいくらでも見つかるはずです。

その一方で、**「あまり周囲の目を気にしない」**ことも必要かもしれません。「人に好かれたい」と思うあまり、人の目ばかり気にすると本質を見失うことになります。自分がよく思われたいがために八方美人になったり、うわべだけの言葉をかけたりするのは、本末転倒です。

そもそも、自分をよく見せたいという気持ちは誰でも持っているものですが、その思いがあまりに強すぎると、本当の自分を隠して偽りの仮面をかぶらなくてはならなくなります。

たとえば、好かれたいがために、相手に合わせることだけに終始し、何をいわれてもイエス、どんなことをいわれてもOKを繰り返していると、自分を見失うことになりかねません。

そんなことを続けていると、イライラがつのり、心の平穏が失われ、自分を追いつめてしまうばかりです。

また、そんな浅はかな行動や、うわべだけの言葉は、相手に見透かされ、周囲から信頼されるには程遠い人間になってしまいます。

「人と人とは対等である」ということを念頭におきましょう。相手と意見が違ったとき、あるいは、相手の言動がその人のためにはならないと考えたときには、どのように表現すれば自分の意見や思いが相手に伝わるかを思慮深く考え、ものをいうことが大切です。

それこそが礼儀正しいふるまいなのです。

礼儀正しい人は、周囲の人と堂々と向き合える人です。まずは堂々として、自分をしっかり持ち、人に対する誠実さだけは忘れないよう心がけながら、接していけばいいのです。

好かれようとしていい人を装うのはマイナス。人によって態度を変えず、どんな人にも堂々と、そして誠実に向き合いましょう。

自己管理力の高め方

見た目は大事、心はもっと大事

礼儀正しさにおいて、「見た目」がとても大切であることは前述しました。

たとえば、誰に対しても分け隔てのない自然な笑顔を浮かべられるか、相手を不快にさせない清潔感を保てているかということです。

また、「心がまえ」も大切です。いつでも相手に信頼してもらえるように安定感を持って接しているか、自分自身がいつでもプラスに考えられる前向きな思考ができているか、などということになるでしょう。

そうしたことを実践するうえでの前提として共通することは何かと考えると、**「心**

も体も健全に保つ」ということに行きつくと思います。

自分自身の心のバランスが崩れていたり、体に不調が生じたりしていると、どうしても不安な気持ちが頭をもたげてきてしまい、人からどう見られるかなどということまで考える余裕をなくしてしまいます。

つまり、**礼儀正しくあるためには、心身ともに健康であることが基本、**ということです。健康でいるからこそ笑顔になれるし、清潔感が保てるし、心が落ち着き、明るく前向きに考えることができるのです。

それだけに、礼儀正しくあろうとするならば、**自己管理**が必要です。

まずは睡眠や食事をしっかり取り、できるだけ規則正しい生活を送ることが大切です。また、身のまわりをすっきりと整理整頓しておくことも必要となってくるでしょう。

バタバタしていると、いろいろなことがあとまわしになって、事前の準備もできないまま、礼を失することになりかねません。そもそも、心が乱れていては礼を尽くすどころではないでしょう。自分のことでいっぱいいっぱいになってしまって、周囲の人に対して配慮する余裕なんてなくしてしまいます。

私の場合、若いときはけっこう飲んでいたお酒も年齢とともに少しは控えるようになりました。

また、声が出なくなるとたいへんなので、披露宴本番前は早く寝るとか、前の日には人と会わないでなるべく一日休むとか、早い時間にちゃんと帰れるようなスケジュールを組むなど、気をつけるようになりました。

礼儀正しくあるということの大前提として、心も体も健全に保つ必要があるということをくれぐれも忘れないようにしたいものです。

人に
「かわいがられる」人

「素直な人」は、愛される

人の厚意をきちんと受け入れることも大切です。人とは素直に接し、人からの厚意に対しては感謝しつつ受けるのが礼儀だからです。

でも、謙虚なのか遠慮なのかよくわかりませんが、周囲の人から向けられた厚意に対して、いつも斜(はす)にかまえてしまう人もいます。

たとえば、ちょっとしたプレゼントや食事の誘いに対しても極端に警戒して、それを拒もうとします。

人にどんなかたちであれ、借りをつくるのがいやなのかもしれません。でも人と人とのつながりは、けっして貸し借りだけで成立しているわけではありませんし、そういう人は、どうしても周囲の人から距離をおかれることになってしまうでしょう。

もちろん、相手のことがどうしても好きになれない場合は、失礼のないようにやんわりと断るべきでしょう。無理してつきあっても、つらいばかりです。何度か断っているうちに相手も自分のことをよく思っていないんだなと感づいてくれるでしょう。

でもさしたる理由もないのに、相手の厚意を無視したり、拒絶したりするのは避けるべきです。そんなことを続けていると、期せずして周囲から孤立してしまうことになってしまいます。

食事に誘われたとき、「誘われて当然！」といった傲慢な態度を取るのはもちろん論外ですが、あまりに遠慮がすぎるとかえって失礼にあたります。本当に都合が悪い場合や行きたくない場合には、「ありがとうございます。でも今回は遠慮させてください」と断ればいいだけです。

いまは、部下や後輩を食事や飲み会に誘うにも気を使う時代です。おそらく誘うほうも、それなりに気を使っているはずです。

それだけに、目上の人や上司から誘われたときには、「えっ、じゃあ今日はごちそうになってよろしいんでしょうか？　うれしいです！」「ありがとうございます。ごちそうになります！」と素直に応じたほうがいいでしょう。誘った人にも喜んでもらえるでしょう。そういう**素直な人は、必ずまわりからかわいがられる**ものです。

逆に、最近誰かを食事に誘っても、いつもあれこれ理由をつけて断られてしまうという人は、自分のことを振り返ってみるべきかもしれません。日頃から周囲に対して礼儀正しくふるまっていれば、そんなに無礼な態度を取られることはないと思います。なんらかの原因があるからかもしれません。

いずれにしても、いつでも純粋な気持ちで人と接することが大切です。

人は“ここ”を見ている

有能な人がまわりに集まってくる人

たとえば職場において、言葉遣いこそ丁寧なのに、「あの人、どこか上から目線で無礼だよね」と嫌われる人がいます。

いかにもやさしくて謙虚な言葉遣いをしているのに、人に対して冷たいというか、ようするに慇懃無礼なふるまいをする人です。

逆に、言葉遣いは多少乱暴でも、深く信頼される人もいます。

たとえ自分が苦労したり、損したりすることがわかっていても、困っている人を見ると放っておけないような、そんなタイプの人です。

どちらがいい人か。

どちらが人に好かれるか。

どちらが人に信頼されるか。

いうまでもないでしょう。まわりの人たちは、そんなところをしっかり見ているのです。

両者の違いがどこにあるかといえば、**役職が上であろうが下であろうが、権力があろうがなかろうが、どんな人に対しても、一人の人間として敬う気持ちを持っているか否か**にあるといえるでしょう。

たとえば、ある人は「部下や後輩は経験がないのだから、できないのは当たり前。だから経験値のある自分が対処すべきだ」と考えたとします。

それはけっして、部下や後輩を軽く見ているからではありません。まずは経験のある自分が対処して、そのノウハウを下に伝えていこうという気持ちからであり、部下や後輩を大切に思っているからこそ出てくる気持ちからです。

一方、ある人は「経験のない部下や後輩は、仮に失敗したとしてもそれほど責められることはない。それに反して自分が失敗したら、出世に影響するからたいへんだ」と考えたとします。その仕事が難しければ難しいほど必死になって部下や後輩に押しつけようとするでしょう。

この両者の違いは一目瞭然です。

これは、周囲の人に隠せるものではありません。無礼な人のまわりに能力のある人が残るはずがありません。部下や後輩を軽く見ている人のもとに残るのは、その人を「利用してやろう」という下心のある人だけで、いつかは裏切られることになるでしょう。一方、**礼儀正しい人のまわりには能力のある人が集まる**のです。

ときとして、部下や後輩に厳しく接することも必要でしょうが、その前提として、人としての礼儀を忘れないことが大切なのです。

厳しくても、愛がある人

なぜ、あの人は人望があるのか？

一般的に、礼儀正しい人というと、「いつでも穏やかで、丁寧な言葉遣いをする人」というイメージでしょう。

なんでもズケズケとものをいう人は敬遠されがちで、なかなか礼儀正しいとは評価されません。

でも不思議なことに、日頃からズバッとものをいい、辛口なコメントをしているにもかかわらず、周囲の人から嫌われず、嫌われるどころか、多くの人に慕われる人もいます。

それはおそらく、その人の言動が、周囲の人のことや相手のことを十分に考えたうえで発せられたものであり、しっかりとした根拠に基づいたもの、つまり、けっして感情的なものではないからでしょう。

言葉を換えれば、**厳しい言葉の裏に、データによる裏づけと相手に対する思いやりがある**ということです。

それに加えて、**自分の発言に責任を持っているか**どうかもポイントです。いいっぱなしはよくありません。まして、あとになって「そんなことといってない」などとシラを切る人は無礼な人としか見てもらえませんし、信頼などしてもらえません。

その一方で、何か危急のできごとが起きたとき、やたらと「大丈夫、大丈夫」とか「なんとかなるよ」などと、いい加減な言葉を並べているだけの人も信頼されません。むしろ、「なんて軽はずみな発言をする人なんだ」とか、「なんて無責任なんだ」と思われ、不信感しか持ってもらえないでしょう。

人はいざというとき、安請け合いされると、本当に大丈夫なんだろうかと、かえって不安になるものです。

それより、根拠を示しながら「それはマズいよ」とか、「それはちょっとやり方がおかしいよ」などと指摘されたほうがすっきりしますし、多少厳しい言い方をされたほうが安心できるものです。

もちろん、その根底に「信頼関係」があるかどうかも大きなポイントです。

いつでも相手のことを思いやり、冷静に物事を考えたうえで発言する人は、周囲の人から信頼されますし、その言葉に周囲の人は重みを感じるのです。

そう、礼儀正しい人の言葉には重みがあるのです。

しかし、常日頃から言葉を濁したり、自分の立場をはっきりさせずにあいまいな言動を繰り返したりしている人は、周囲の人から〝いい加減な人〟と見なされてしまいます。

そのため、どんなに弁を弄したところで真剣には聞いてもらえないし、相手にもされません。あの人はいつも責任回避していると思われてしまうのです。

あなたのまわりにも、「あの人に相談してもあいまいな答えしか返ってこない」と思える人と、「あの人は厳しいことをいうけれど、しっかりと答えてくれるだろう」と思える人がいると思います。

そして、本当にアドバイスをしてほしいと思ったときに頼るのはいうまでもなく後者でしょう。なぜなら、**この人は、適当なことはいわない。自分のことをしっかり考えていってくれるという信頼があるから**です。

またそんな関係を築けている人なら、何かお願いごとをしたときにたとえ断られても納得できるものです。

私は会社員時代、ちょっと無理な相談だけれどあの人なら対応してくれるかもしれないと信頼している先輩に、お願いごとをしたことがありました。

そのときに「今回は、鹿島さんからのお願いでもちょっとお引き受けできない」とズバッといわれ、こちらも難しいだろうなと思いながらのお願いだったので**「ああ、この人がダメだっていうことは本当にダメなんだ」**と妙に納得したことを覚えています。そしてその人への信頼度は一層高まったことが強く記憶に残っています。

しっかりと相手との信頼関係を築いたうえで、ダメなときは「ダメ」、間違っていたら「間違っている」といえる……そんな人こそ、礼儀正しい人だし、みんなから慕われることになるのだと思います。

品がいい人、
悪い人

「ながら」をやめると、美しい人になれる

最近、レストランなどで、スマホをいじりながら食事をしている人が本当に増えています。

それを不快に感じる人がいることを知らなければなりません。お店によっては「食事中のスマホの使用はご遠慮ください」と貼り紙をしているところも増えてきました。

それは、スマホによる会話が周囲の客に不快感を与えるばかりではなく、お店の人も、せっかくつくった料理を〝ながら食い〟されるのがいやだからでしょう。

また、ランチ時に混雑して店の外に立って待っている人がいるにもかかわらず、食事が終わったあと、いつまでもスマホをいじって席を立とうとしない人もいます。

まるで周囲に関心を払っていないのでしょうが、自分が不快な目で見られていることにも気づいていないようです。それではとても礼儀正しいとはいえないでしょう。

こうした〝ながら動作〟が嫌われるのは食事のシーンだけではありません。**特に職場でのながら動作にはくれぐれも注意してほしいと思います。**

たとえば、誰かに話しかけられたときに、パソコンを打ちながら、「それで？」などという対応は非常に失礼な行為にあたります。

そんなことを繰り返していると、周囲の人から雑な人だと見られるばかりか、ときとして傲慢に見られて「あいつ、自分を何様だと思っているんだ」と反感を買ってしまいます。

ですから、**どんなに忙しいときでも、きちんと手を止めて対応すべき**です。

また、何をするにせよ、**一つひとつのふるまいを丁寧にする**ことも忘れてはいけません。

挨拶するときには通り過ぎながらなおざりな挨拶をするのではなく、ちょっと立ち止まってきちんと挨拶する。話しかけるときも何かをしながらではなく、きちんと相手を見て言葉を発する。相手に頭を下げるときも、バタバタするのではなく、ちゃんと相手に正対して「ありがとうございます」と口にする。

そんな小さな行為の積み重ねが大切です。せっかく相手に気持ちを伝えようと思っても、ながら動作では効果が半減してしまいます。

より美しく誠意を伝えるためには、一つひとつの動作を止めて、きれいなふるまいをしたほうが相手に伝わりやすいですし、それが礼儀正しさにつながります。

嫉妬は
身をほろぼす

人の成功を、自分のことのように喜んでみせる

「嫉妬は身をほろぼす」

だから昔から慎むべきものとされてきました。

でも嫉妬する気持ちは誰の心にもひそんでいます。

たとえば同期入社の同僚が大きな仕事を成功させたら、それはやっぱりうらやましいし、妬ましい、悔しい気持ちになるものです。


古代ギリシアの三大悲劇詩人の一人、アイスキュロスも、

「嫉妬心を少しも持たず、友人の成功を喜ぶ強い性格の持ち主は皆無である」

と述べています。

人間にとって、嫉妬は根源的な感情の一つなのかもしれません。

でも、**多少の嫉妬はかわいいものですが、あまりにも露骨で、悪口をいったり、足を引っ張ったりするのはきわめてみっともない**ことです。

また、何よりその人の礼儀正しさを奪ってしまい、本来その人が持っている魅力を半減させてしまいます。

それだけに、嫉妬の気持ちを、「負けてたまるか!」と、自分を成長させるプラスのパワーに変えていきたいものです。

そのためにはどうすればいいのでしょうか。

まず**他人の成功を自分のことのように喜ぶ**ことです。

なかなか難しいかもしれませんが、まずは「ああ、よかったな」と心のなかでイメージします。たとえば、オリンピックで日本人が金メダルを取れば、無条件でうれしくなるでしょう。そんな気持ちを思い浮かべるのです。

そして次に、「彼にできたんだから、自分にもできる」と、一緒により高いところに駆け上がる自分をイメージします。

このイメージ力が大切なのですが、そのためには自分に「自信」を持つことが必要です。

では、どうやって自信を持つのか。

むやみに他人と自分を比較することなんてやめることです。

人は人、自分は自分でいいのです。

そして、自分に「私の強みはなんだろう」と問いかけます。

誰にでも自分にしかできないことがあるはずです。どんなことでもいいのです。それさえ見つかれば、「自分は自分なりにがんばればいい」と考えられるようになります。

だいたい、うらやましいと思っているその人だって、ほかの誰かをうらやましいと思っているものです。

嫉妬というのは、自分がつくり出した幻影を、他人に投影し、それを追い続けるようなものなのかもしれません。

そんなムダなことにエネルギーを費やすより、自分自身に自信をつけることを目指すべきでしょう。

礼儀正しさの
“原点”

家族を大事にしている人は間違いない

礼儀正しい人とはどういう人なんだろうと考えたとき、私のイメージでは、

「落ち着いていて物腰がやわらかく心に余裕がある人。明るく朗(ほが)らかだけれど、へんな目立ち方をしていない人」

という人物像が浮かんできます。

またそれと同時に、

「人に対しても自分に対しても、常に誠実であるということを基本にしている人」

という人物像も浮かんできます。

だからこそ、安定感があり、多くの人から信頼されるのではないかと思うのです。

ややもすれば、世の中では大きな声で極端なことをいったり、ときには人の悪口をいったりする人がもてはやされます。

たしかにそんな人は、エンターティナーとしてはおもしろいですし、自分に直接関係しない非日常の世界にいる分にはかまわないでしょう。

ただし、そういう人と「一緒に仕事をしたいか」と訊かれれば、「NO」という人が多いのでは？

そういう人は、どこか胡散（うさん）くさいし、信頼をおけない感じがしてしまうものです。

また、周囲がふりまわされることも想像できます。

世の中、たいていの人は、毎日が淡々と流れていってほしいと願っているのではないでしょうか。

そして、平穏な日々のなかで、結婚したとか、子どもが元気に生まれたとか、金婚式を迎えられたなどなど、ささいなことに思えるけれど人生のなかで、そう何度も経験できないようなことに喜びを感じながら生きています。

もちろん、出世したいとか、お金持ちになりたいなどという欲は多かれ少なかれ誰の心にもあるでしょう。

でも、その前提として、自分が健康であり、何より家族のみんなが幸せであってほしいと願う気持ちのほうが強いのではないでしょうか。

私は、

「礼儀正しさの原点には、家族の幸せを願う気持ちがある」

と思っています。

家族の安定した生活を保証してくれるのは周囲の人々の礼儀です。

周囲の人々が自分や家族に敬意を持ち、誠実に接してくれるから、家族の生活も守られます。

だからこそ、自分も礼儀正しくあり、信頼されるようになりたいと思うのでは?

結局、礼儀正しく生きることとは、自分と自分の家族を愛することであり、それがまた、私たちが一生懸命に生きようとする原動力になっているのではないかと私は思います。

あなたはどう思いますか？

（了）

99%人に好かれる「礼儀正しい人」

著　者——鹿島しのぶ（かしま・しのぶ）
発行者——押鐘太陽
発行所——株式会社三笠書房
〒102-0072 東京都千代田区飯田橋3-3-1
電話：(03)5226-5734（営業部）
：(03)5226-5731（編集部）
https://www.mikasashobo.co.jp
印　刷——誠宏印刷
製　本——若林製本工場
ISBN978-4-8379-2875-1 C0030